EN DÉFENSE DE LA CLASSE OUVRIÈRE AMÉRICAINE

AUTRES TITRES DE MARY-ALICE WATERS

En tant qu'auteure, éditrice ou collaboratrice

En français, anglais et espagnol

Notre histoire s'écrit toujours
L'histoire de trois généraux cubains d'origine chinoise dans la révolution cubaine

Une révolution socialiste est-elle possible aux États-Unis ?

Le visage changeant de la politique aux États-Unis
La politique ouvrière et les syndicats

Pathfinder est né avec la révolution d'octobre

Cuba et la révolution américaine à venir

En français et en anglais

Thomas Sankara parle

En anglais et en espagnol

« Ce sont les pauvres qui font face à la sauvagerie du système de « justice » US »

Les cosmétiques, la mode et l'exploitation des femmes

Cuba et Angola
Lutter pour la liberté de l'Afrique et la nôtre

Les femmes à Cuba
Une révolution au sein de la révolution

Le capitalisme et la transformation de l'Afrique

L'héritage prolétarien du Che et le processus de rectification à Cuba

1945, quand les troupes US ont dit « Non ! »
Un chapitre caché de la lutte contre la guerre

En anglais

La libération des femmes et la ligne de marche de la classe ouvrière

Le féminisme et le mouvement marxiste

Rosa Luxembourg parle

MARY-ALICE WATERS

En défense de la classe ouvrière américaine

Pathfinder

NEW YORK   LONDRES   MONTRÉAL   SYDNEY

Rédaction : Mary-Alice Waters

Copyright © 2019 Pathfinder Press
Tous droits réservés. All rights reserved.

ISBN 978-1-60488-111-0
Numéro de contrôle de la Bibliothèque du Congrès /
Library of Congress Control Number 2019946780

Imprimé aux États-Unis / Printed in the United States of America

CONCEPTION GRAPHIQUE DE LA COUVERTURE : Toni Gorton

COUVERTURE : Frankfort au Kentucky en avril 2018. Rassemblement d'enseignants devant le capitole d'État contre une proposition de réduire les pensions et pour une augmentation du financement de l'enseignement public. (Alex Slitz / Associated Press)

QUATRIÈME DE COUVERTURE : Manifestation à Jacksonville en Floride en octobre 2018, pour exiger que les anciens prisonniers récupèrent leur droit de vote. (Ithiell Yisrael / Coalition de Floride pour la restauration des droits)

Pathfinder
www.pathfinderpress.com
Courriel : pathfinder@pathfinderpress.com

TABLE DES MATIÈRES

À propos de l'auteure   7

Préface
   Martín Koppel   9

En défense de la classe ouvrière américaine
   Mary-Alice Waters   17

De Clinton à Trump : Comment les travailleurs aux États-Unis ont riposté
   Biographies et remarques des participants au panel   51

L'histoire militante des Mineurs unis d'Amérique
   Radio Habana Cuba   63

Index   73

Photographies

   La Havane le 1ᵉʳ mai 2018   *16*

   Conférence internationale du 1ᵉʳ mai à La Havane en avril 2018   *18*

   Grèves d'enseignants, de chauffeurs d'autobus et d'autres employés scolaires aux États-Unis en 2018   *28–29*

Les Teamsters en grève repoussent une attaque
de la police et « d'agents spéciaux »
à Minneapolis, en mai 1934						*36*

Manifestation contre la ségrégation raciale
au sein des forces armées US et
dans les industries de guerre en 1942.
Travailleuses des chemins de fer en 1943			*39*

Boycott des autobus en Alabama, en 1955 ;
Fidel Castro, lors d'une réunion de masse
à La Havane en 1962						*43*

Des soldats en service actif dirigent une
manifestation contre la guerre au Vietnam,
à San Francisco en 1968						*45*

Manifestation des « gilets jaunes » en France,
en 2018 ; combattants victorieux
pour la libération nationale au Vietnam,
en avril 1975							*47*

Batailles de mineurs de charbon aux États-Unis
en 1981, 1989 et 1943						*65-66*

À PROPOS DE L'AUTEURE

Mary-Alice Waters, membre du Comité national du Parti socialiste des travailleurs (SWP) depuis 1967, est présidente des éditions Pathfinder et directrice de la revue *Nouvelle Internationale*, également disponible en anglais et en espagnol. Elle a été gagnée à la politique ouvrière révolutionnaire au début des années 1960 sous l'impact de la montée de la lutte de masse qui a renversé la structure de ségrégation raciale Jim Crow aux États-Unis mais aussi par la révolution socialiste qui s'approfondissait à Cuba. Mary-Alice Waters a adhéré à l'Alliance des jeunes socialistes (YSA) en 1962 et au Parti socialiste des travailleurs en 1964. Elle a aidé à diriger le travail national et international du SWP, notamment en défense de la révolution cubaine et dans la lutte pour la libération des femmes.

Mary-Alice Waters a été secrétaire nationale et ensuite présidente de la YSA (1967-1968). Elle a couvert la rébellion de 1968 des étudiants et des travailleurs en France pour le journal le *Militant*. Elle a été la directrice de cet hebdomadaire ouvrier de 1969 jusqu'au début des années 1970.

Elle a édité une série de plus de 30 livres sur la révolution cubaine ainsi que plus d'une douzaine d'autres titres. Elle a présenté de nombreuses conférences aux États-Unis et à l'échelle internationale sur la révolution cubaine et ses leçons pour les travailleurs et les jeunes partout dans le monde.

PRÉFACE

L'élection de Donald Trump à la présidence des États-Unis en 2016 a-t-elle révélé une augmentation du racisme, de la xénophobie, des préjugés contre les femmes ou de toute autre forme de réaction parmi les travailleurs aux États-Unis ? Est-ce la raison pour laquelle des millions de travailleurs, de toutes races, ont voté pour lui ?

Les travailleurs aux États-Unis peuvent-ils faire une révolution socialiste ? Pouvons-nous discerner notre propre force quand nous nous rassemblons et luttons dans les intérêts de notre classe et de nos alliés opprimés et exploités ? Pouvons-nous prendre le pouvoir d'État des mains de la classe capitaliste, établir un gouvernement des travailleurs et des agriculteurs et diriger la réorganisation de la société dans l'intérêt de la vaste majorité ?

Dans l'exposé qui suit, Mary-Alice Waters répond à ces questions que de nombreuses personnes ont soulevées, non seulement à Cuba, mais également aux États-Unis et dans le monde entier. Mary-Alice Waters, membre du comité national du Parti socialiste des travailleurs et présidente des éditions Pathfinder, prenait la parole lors d'une conférence à La Havane dans le cadre des activités pour célébrer le 1er mai 2018, la journée internationale de la classe ouvrière. Ces activités ont culminé le jour même du 1er mai, lorsque plus d'un million de travailleurs, d'agriculteurs et d'étudiants cubains ont convergé dans les rues de La Havane et de toute l'île pour manifester leur soutien à leur révolution socialiste.

Cette présentation, qui constituait la première partie d'un programme spécial sur la lutte de classe aux États-Unis, a été suivie d'une table ronde intitulée : « De Clinton à Trump : Comment les travailleurs aux États-Unis font face à l'offensive anti-ouvrière des patrons, de leurs partis et de leur gouvernement. » Les panélistes étaient des dirigeants et des partisans du Parti socialiste des travailleurs avec des années d'expérience dans les grandes industries et les syndicats ainsi que dans l'agriculture. Ils ont décrit les formes, nombreuses et entremêlées, d'exploitation et d'oppression capitalistes auxquelles sont confrontés les travailleurs de l'Amérique capitaliste.

Mary-Alice Waters et les membres du panel ont décrit comment les employeurs ont accéléré les cadences de travail, sabré dans les conditions de sécurité et réduit les salaires et les pensions de retraite. Ils ont décrit le fardeau croissant des coûts de la santé, des compressions dans le financement de l'éducation, des transports et d'autres besoins sociaux.

Ils ont décrit le prix dévastateur que les familles de travailleurs et d'agriculteurs doivent payer pour 17 années de guerres menées par Washington en Afghanistan, en Irak et en Syrie ; la crise de la dépendance aux opioïdes et l'augmentation du taux de suicide chez les jeunes adultes dans la force de l'âge ; le pillage de l'environnement ; les taux d'incarcération ahurissants, en particulier parmi les travailleurs qui sont Américains africains, Latinos et Autochtones.

Ils ont décrit l'accessibilité de plus en plus réduite des services d'avortement pour les femmes ; le nombre croissant de faillites agricoles ; la crise de la dette étudiante, qui accable des millions de jeunes qui entrent sur le marché du travail ; les déportations de travailleurs nés à l'étranger ; les attaques contre les droits des travailleurs garantis par la Constitution, y compris le droit de vote.

Mais ils ont également expliqué, ce qui est encore plus important, comment les travailleurs se sont défendus face à cette offensive de 40 ans des employeurs et de leur gouvernement. Ils ont souligné en particulier la grève des enseignants en Virginie-Occidentale et l'impulsion qu'elle a donnée à une vague de grèves et de protestations des employés scolaires qui a déferlé sur l'Oklahoma, le Kentucky, l'Arizona et d'autres États au printemps 2018.

La table ronde sur la lutte des classes aux États-Unis était un élément central de la douzième Conférence scientifique internationale du 1er mai, qui s'est tenue du 24 au 26 avril 2018. Les principaux organisateurs de cet événement étaient l'Institut d'histoire de Cuba et la Centrale des travailleurs de Cuba (CTC), la fédération syndicale du pays. La plupart des 130 participants venaient de toutes les régions de Cuba. Mais certains venaient du Mexique, de l'Argentine, du Chili, de la Colombie, des États-Unis, de l'Espagne et du Royaume-Uni. L'événement s'est déroulé dans un centre syndical et culturel historique au coeur de La Havane : le Palais des cigariers.

Ulises Guilarte, secrétaire général de la CTC, a ouvert la conférence avec une présentation sur les défis auxquels les travailleurs cubains et leurs syndicats font face aujourd'hui. Ces défis revêtent à Cuba des formes qu'on ne retrouve pas ailleurs, a-t-il expliqué, car « la classe ouvrière ici est au pouvoir. » Les dirigeants du Syndicat des travailleurs du commerce et de l'alimentation et du Syndicat des travailleurs du tourisme à Cuba ont aussi présenté des rapports supplémentaires. Plus de vingt tables rondes ont eu lieu pendant cette conférence de trois jours, sur des sujets allant de l'histoire du mouvement ouvrier à Cuba à la situation à laquelle sont confrontés les travailleurs et les agriculteurs dans les pays d'Amérique latine aujourd'hui.

Le panel sur la lutte des classes aux États-Unis a eu lieu le dernier jour. Mary-Alice Waters y a expliqué que ce qui pousse les travailleurs, peu importe qu'en 2016 ils aient voté pour Hillary Clinton, Donald Trump ou qu'ils aient refusé de voter pour l'un ou l'autre, ce n'est pas une augmentation d'attitudes et de gestes réactionnaires.

Au contraire, a-t-elle dit. Au sein des classes laborieuses aux États-Unis, « il y a aujourd'hui une ouverture, plus grande qu'à n'importe quel autre moment de notre vie politique, pour réfléchir et discuter de ce que pourrait signifier une révolution socialiste et pourquoi elle pourrait bien être nécessaire ; pour considérer l'idée que notre classe est capable d'assumer la responsabilité du pouvoir d'État et pourquoi elle devrait le faire. »

Vous ne le sauriez jamais en lisant ou regardant les médias bourgeois, a dit Mary-Alice Waters, mais notre propre expérience nous le confirme. Nous l'avons appris « de première main des hommes et des femmes que nous rencontrons quand nous allons de porte-en-porte pour discuter de ces questions dans les quartiers ouvriers de toutes compositions raciales et ethniques, dans les grandes et petites villes et dans les régions rurales d'un bout à l'autre des États-Unis. Nous le savons grâce aux discussions avec nos compagnons de travail, aux piquets de grève et aux manifestations autour de questions qui vont du droit de vote à la violence de la police et à l'environnement.

Une révolution socialiste est-elle possible aux États-Unis ? Pas seulement possible, a répondu Mary-Alice Waters, mais « ce qui est encore plus important, c'est que les luttes révolutionnaires des travailleurs sont inévitables. » Ce qui n'est pas inévitable, a-t-elle ajouté, c'est la victoire.

Pour illustrer les capacités révolutionnaires de la classe ouvrière aux États-Unis, Mary-Alice Waters a recouru à des expériences relativement récentes de la lutte des classes. Elle a souligné les grandes campagnes ouvrières de syndicalisation des années 1930, ainsi que les luttes des masses dirigées par les Noirs qui ont mis fin au système de ségrégation raciale Jim Crow dans le Sud. Elle a rappelé le mouvement massif contre la guerre de Washington au Vietnam, qui a eu un énorme impact dans la classe ouvrière, y compris parmi des millions de conscrits, un fait qui a ébranlé la confiance de la classe dominante.

Le panel qui a suivi les remarques de Mary-Alice Waters comprenait Jacob Perasso, chef de train de marchandises et syndicaliste d'Albany dans l'État de New York ; Alyson Kennedy qui, aujourd'hui caissière dans un magasin Walmart de Dallas au Texas, a été mineure de charbon dans des mines souterraines pendant 14 ans ; Willie Head, qui a été toute sa vie un petit agriculteur dans le sud de la Géorgie ; Róger Calero de New York, qui a participé à des grèves d'emballeurs de viande au Minnesota et de mineurs de charbon en Utah ; et Omari Musa de Washington, un vétéran des luttes syndicales dans le pétrole et dans le rail ainsi que de la lutte pour les droits des Noirs.

Harry D'Agostino, un jeune travailleur et musicien, a été empêché à la dernière minute de participer au panel. Mais ceux qui étaient présents ont pu lire les commentaires qu'il avait écrits.

Une période de questions et de discussion a suivi ces présentations et s'est poursuivie de manière informelle pendant tout le reste de l'après-midi. Plusieurs participants ont dit qu'ils avaient particulièrement apprécié l'information concrète à propos des conditions de travail et des luttes ouvrières aux États-Unis. Les faits qu'on leur a présentés les ont étonnés.

Une déléguée du Mexique a expliqué que ce qu'elle avait appris « a complètement changé ma vision de ce qui se passe aux États-Unis aujourd'hui. »

~

La présentation de Mary-Alice Waters précède ici une brève biographie des panélistes et un résumé de leurs remarques.

Nous reproduisons également la transcription d'une émission de Radio Havana Cuba de 1981 sur l'histoire de lutte des mineurs de charbon et du syndicat des Mineurs unis d'Amérique (UMWA). Plusieurs de ceux qui ont pris la parole ont mentionné cette histoire de lutte et son héritage encore vivant en Virginie-Occidentale et à travers les régions houillères montagneuses de l'est des États-Unis. Tous les participants à la conférence ont reçu une copie de cette transcription, reproduite à partir d'un reportage du *Militant* de l'époque.

~

Avec la fin de l'année scolaire, la vague de grèves des enseignants a reflué. Comme on l'a vu souvent dans l'histoire des États-Unis, à l'approche des élections fédérales et des États de novembre 2018, cette lutte a perdu de son élan et a été orientée dans une impasse : la politique électorale capitaliste. Mais les luttes des travailleurs se poursuivent.

Des camionneurs membres du syndicat des Teamsters dans les ports de Los Angeles et de San Diego ont effectué des actions pour être reconnus comme des employés plutôt que des « travailleurs indépendants » qui n'ont ainsi ni heures de travail, ni salaires, ni prestations d'assurance-chômage garantis. Dans la foulée de cette lutte, pour la première fois, la direction des Teamsters a appuyé des actions contre la menace de déportation à laquelle font face plusieurs de ses membres depuis la décision du gouvernement des États-Unis de mettre fin au Statut de protection temporaire (TPS) de plus de 300 000 travailleurs originaires du Honduras, du Salvador, du Nicaragua, d'Haïti, du Népal et du Soudan.

Des travailleurs de toute la Floride se sont mobilisés afin que plus d'un million d'ex-prisonniers puissent regagner leur droit de vote. Une nette majorité de 64 pour cent des électeurs de toutes couleurs de peau et origines nationales ont voté en faveur de cette proposition, ce qui contredit une fois de plus l'argument des libéraux selon lequel il y aurait une montée des idées racistes et de droite parmi les travailleurs. Des travailleurs au Kentucky, en Iowa et dans d'autres États où les lois restreignent toujours le droit de vote des ex-prisonniers s'organisent pour profiter de l'élan fourni par cette victoire.

Des milliers de mineurs membres des UMWA et d'autres syndicalistes ont manifesté le 12 juillet 2018 au siège de la législature de l'État, à Colombus en Ohio, pour protester contre la réduction de leur pension par les patrons. Des travailleurs de McDonald et d'autres chaînes de restauration rapide, pour la plupart des adolescents et des jeunes dans la vingtaine, ont quitté le travail à Détroit et dans d'autres grandes villes le 4 octobre pour demander un salaire de base de 15 dollars l'heure. Des manifestations de taille contre la mort de jeunes Américains africains aux mains de la police ont eu lieu dans des villes et des villages partout au pays, de Pittsburgh à Dallas, à Hoover en Alabama.

Quand nous terminions la préparation de ce livre, quelque 8 000 travailleurs syndiqués dans 49 hôtels de la chaîne Marriott, de San Francisco et Honolulu à Boston, ont quitté le travail pour demander des augmentations de salaire et pour rejeter une augmentation des coûts élevés de l'assurance-maladie. Leur position ferme et leur slogan de lutte, « Un emploi devrait suffire ! » a touché une corde sensible auprès de millions de travailleurs aux États-Unis qui se trouvent également contraints de cumuler deux ou trois emplois pour survivre.

Pour eux et pour les autres travailleurs qui ont de plus en plus confiance en leurs propres capacités de lutter et de gagner, ce livre aide à montrer la voie en avant.

Martín Koppel
Décembre 2018

Des centaines de milliers de travailleurs, d'agriculteurs et de jeunes ont défilé à La Havane le 1er mai 2018 pour appuyer leur révolution socialiste.

La conférence organisée à La Havane du 24 au 26 avril 2018 par l'Institut d'histoire de Cuba et la Centrale des travailleurs de Cuba (CTC) faisait partie d'une série d'événements pour célébrer le 1er mai, la journée internationale de la classe ouvrière. Plus d'un million de Cubains ont envahi les rues de l'île ce jour-là.

En défense de la classe ouvrière américaine

MARY-ALICE WATERS

Merci, René, pour cette généreuse présentation.

Au nom de nous tous, qui initierons la table ronde de ce matin sur la lutte des classes aux États-Unis, je tiens à remercier l'Institut d'histoire de Cuba, la Centrale des travailleurs de Cuba et nos hôtes, ici au Palais des cigariers, pour le privilège et la responsabilité que vous nous avez offerts.

Il y a six mois, lorsque le président de l'Institut d'histoire de Cuba nous a demandé de préparer cette session de la douzième Conférence scientifique internationale du 1er mai, j'étais sceptique. « Nous ne sommes ni historiens professionnels ni chercheurs universitaires, lui ai-je dit. Nous sommes des travailleurs, des syndicalistes, des agriculteurs, des communistes, des membres et des partisans

---

Rapport présenté durant la conférence à La Havane organisée par l'Institut d'histoire de Cuba et la Centrale des travailleurs de Cuba, le 26 avril 2018. René González Barrios, président de l'Institut d'histoire, avait d'abord présenté Mary-Alice Waters.

MAYKEL ESPINOSA/JUVENTUD REBELDE

Ci-dessus : Membres du panel sur la lutte des classes aux États-Unis. Cette table ronde faisait partie de la Conférence internationale du 1er mai à La Havane, en avril 2018. À partir de la gauche : Willie Head, Omari Musa, Alyson Kennedy, Jacob Perasso et Mary-Alice Waters. Róger Calero, qui présidait la réunion, n'apparaît pas sur la photo.

PHOTOS DE LOURDES ORTEGA/INSTITUT D'HISTOIRE DE CUBA

Ci-dessus : Une partie de l'auditoire. La plupart des 130 participants venaient de toutes les régions de Cuba ; plusieurs étaient venus d'autres pays d'Amérique latine, des États-Unis et d'Europe.

En bas à gauche : René González Barrios, président de l'Institut d'histoire de Cuba, s'adresse à la conférence. **À droite :** Ulises Guilarte, secrétaire général de la Centrale des travailleurs de Cuba, présente le rapport d'ouverture.

du Parti socialiste des travailleurs et des Jeunes socialistes. Notre participation sera-t-elle appropriée ? »

Vous avez tous une copie des brèves biographies des membres de notre panel, que nous avons préparées [1]. Je ne répéterai pas ce qui s'y trouve, sauf pour dire que ceux que vous entendrez aujourd'hui ont vécu et travaillé dans toutes les régions des États-Unis, en milieu agricole ou dans des mines de charbon, des raffineries de pétrole, les chemins de fer, des ateliers de confection, des chantiers de construction, des abattoirs, des chaînes de montage automobile, des entrepôts et pour des géants du commerce de détail comme Walmart, aujourd'hui le plus grand employeur privé aux États-Unis avec 1,5 million de travailleurs salariés (et 800 000 autres dans le monde).

Bien sûr, comme des travailleurs conscients, nous nous joignons à toutes les batailles sociales, politiques et culturelles au centre de la lutte des classes aux États-Unis, à commencer par l'opposition à tout acte d'agression et à toute guerre menée ouvertement ou secrètement par l'impérialisme américain.

René a écouté patiemment toutes nos hésitations. Puis il a simplement souri et a dit : « Eh bien, c'est ce dont nous avons besoin. Ici, à l'Institut d'histoire, nous parlons avec beaucoup de gens qui étudient la classe ouvrière. Nous avons aussi besoin d'entendre les travailleurs eux-mêmes. »

Nous voici donc, et nous avons hâte d'entendre vos questions, vos doutes et vos commentaires, et surtout d'avoir une discussion fructueuse.

Je peux vous assurer à l'avance que ce que nous voulons vous dire aujourd'hui divergera de ce que vous entendez,

---

1. Voir pages 51 à 61

voyez ou lisez régulièrement dans les « médias de masse » ou dans ce qu'on appelle maintenant les « médias sociaux. » Pour décrire *chacun d'eux*, je préfère « médias bourgeois. »

Je concentrerai mes remarques sur deux questions qu'on nous pose souvent.

Premièrement. La victoire électorale de Donald Trump en 2016 a-t-elle révélé une montée du racisme, de la xénophobie, de la misogynie et de toute autre forme de réaction idéologique parmi les travailleurs aux États-Unis ? Est-ce la raison pour laquelle des dizaines de millions de travailleurs de toutes races ont voté pour lui ?

Deuxièmement. Une révolution socialiste aux États-Unis est-elle vraiment possible ? Ou ceux qui, comme nous, répondent « oui » sans hésitation constituent-ils une nouvelle variété de socialistes utopiques, naïfs même si bien intentionnés ?

Un géant commence à s'éveiller

Des dizaines de milliers d'enseignants et d'autres travailleurs du secteur public dans des États où Trump l'a facilement emporté en 2016, de la Virginie-Occidentale à l'Oklahoma, du Kentucky à l'Arizona et au-delà, répondent aujourd'hui de la façon la plus claire et la plus éloquente à la première question.

Il y a moins de deux mois, en février et en mars, dans l'État de Virginie-Occidentale, l'une des grèves les plus importantes en un quart de siècle a surgi sur la scène nationale. Environ 35 000 enseignants, responsables de l'entretien, chauffeurs d'autobus, employés de cantines et autres salariés des écoles publiques ont fait grève ensemble et ont ainsi défié des décisions judiciaires qui niaient le droit de grève aux employés du secteur public.

Avec le soutien écrasant de la population locale, ils ont fermé les écoles dans tous les 55 comtés de l'État. Oui, *dans chacun d'entre eux*. Ça a surpris même les enseignants en lutte.

> **Au cours des quatre dernières décennies, les patrons du charbon et leur gouvernement ont attaqué de façon concertée la vie et la condition des travailleurs.**

Cette action est venue après que la classe dirigeante a imposé des coupures budgétaires pendant des années, qui ont radicalement réduit le financement des repas des élèves, des manuels scolaires, des fournitures scolaires, de l'entretien des bâtiments, des salaires des enseignants et des autres employés ainsi que des activités dites extrascolaires, comme le sport, l'art, la musique et d'autres programmes dont les enfants ont besoin pour apprendre et se développer.

La Virginie-Occidentale est le cœur historique des régions houillères des États-Unis, le site de certaines des batailles syndicales les plus dures de l'histoire des États-Unis, comme celles qu'a décrites l'émission de Radio Habana dont vous avez tous obtenu une transcription [2]. La Virginie-Occidentale a longtemps été l'une des régions du pays les plus dévastées économiquement. Elle l'est encore plus aujourd'hui.

Au cours des quatre dernières décennies, déterminés à réduire leurs coûts de main-d'œuvre et à briser les Mineurs unis d'Amérique (UMWA), les patrons du charbon

---

2. Voir pages 63 à 72

et leur gouvernement ont attaqué de façon concertée la vie et la condition des travailleurs.

Les sociétés houillères ont fermé des centaines de mines dans toute la région des Appalaches et ont transféré leurs capitaux vers le pétrole, le gaz naturel et d'autres sources d'énergie fossile. La majeure partie du charbon produit aux États-Unis aujourd'hui vient des mines à ciel ouvert des régions de l'Ouest, là où les propriétaires de mines ont réussi à maintenir une force de travail non syndiquée. Tout ce qu'ils veulent, c'est d'augmenter leur taux de profit en employant moins de mineurs.

Il y a une cinquantaine d'années, les UMWA, longtemps le syndicat le plus puissant du pays, représentaient 70 pour cent des mineurs de charbon. Ils n'en représentent plus aujourd'hui que 21 pour cent.

Nous n'avons pas le temps de raconter comment les dispensaires que les mineurs avaient obtenus dans des batailles antérieures pour toute la région des gisements houillers ont disparu quand les patrons ont cessé de les financer, au mépris de leurs obligations contractuelles. Ni pourquoi l'anthracose, la maladie du « poumon noir, » ce fléau mortel des mineurs qui avait reculé dans les années 1970 et 1980, se répand à nouveau rapidement dans la région. Elle frappe maintenant les jeunes mineurs sous une nouvelle forme encore plus virulente en raison du manque de protection contre les fibres de silice et de charbon de plus en plus petites et dangereuses que produisent les nouvelles techniques minières.

Nous ne pouvons pas davantage décrire comment les sociétés minières ont utilisé les procédures de faillite, les décisions des tribunaux et les « restructurations » d'entreprises pour résilier les conventions collectives, ignorer leurs obligations relativement aux pensions de retraite et éliminer les Comités de sécurité minière que contrôlaient les UMWA, pour lesquels ils s'étaient battus et qu'ils avaient conquis au cours de précédentes batailles. Par l'intermédiaire de ces comités syndicaux, les mineurs exerçaient eux-mêmes leur pouvoir d'arrêter le travail de *n'importe quelle* équipe de travail dans *n'importe quelle* situation dangereuse.

L'une de nos camarades, Alyson Kennedy, qui a travaillé 14 ans comme mineure de fond, vous en apprendra davantage sur ces questions plus tard ce matin.

Les statistiques révèlent les conséquences de cette offensive, qui dure maintenant depuis des décennies.

La Virginie-Occidentale a aujourd'hui le revenu médian des ménages le plus bas des 50 États de l'Union, à l'exception du Mississippi. L'Oklahoma, le Dakota du Sud et le Mississippi sont les seuls États où les enseignants gagnent moins qu'en Virginie-Occidentale.

D'après les chiffres officiels du gouvernement américain qui incluent les soi-disant « travailleurs découragés, » soit ceux qui n'ont pas été en mesure de trouver un emploi depuis si longtemps qu'ils ont temporairement renoncé, le taux de chômage en Virginie-Occidentale s'élevait en 2017 à plus de 10 pour cent, le troisième taux le plus élevé du pays.

L'État est au centre de la crise de la toxicomanie, avec le taux d'overdoses d'opioïdes le plus élevé aux États-Unis. Et la crise de la drogue continue de s'accélérer, comme en témoigne de façon particulièrement claire le fait que l'espérance de vie aux États-Unis a *chuté* pendant trois années consécutives, de 2015 à 2017.

À ce tableau, il faut ajouter le tribut à peine dissimulé des guerres sans fin de Washington, dont le fardeau, comme toujours, pèse le plus lourdement sur les épaules de la classe ouvrière et des familles d'agriculteurs dans les régions les plus économiquement déprimées du pays.

Parmi les vétérans de guerres comme celles en Afghanistan, en Irak et en Syrie, le taux de suicide est de 20 par jour. Oui, vous avez bien entendu. *Vingt par jour.*

Nous pourrions allonger cette liste, mais ce n'est pas nécessaire.

La réalité, c'est que sans comprendre la dévastation de la vie des familles de travailleurs dans des régions comme la Virginie-Occidentale (et il y en a beaucoup d'autres, du Nouveau-Mexique, de l'Ohio et du Kentucky jusqu'au New Hampshire), sans comprendre l'énorme accroissement des inégalités de *classe* depuis la crise financière de 2008 (y compris la croissance accélérée des inégalités *au sein même* des classes laborieuses et des couches moyennes), *vous ne pourrez pas comprendre ce qui se passe aux États-Unis.*

Vous devez comparer ce panorama de carnage avec la vie des couches supérieures de la classe moyenne dans des endroits comme la Silicon Valley et les quartiers plus huppés (pourtant loin d'être *les plus* huppés) des grands centres urbains comme New York, Washington et San Francisco.

Cette dévastation de la vie des travailleurs n'est pas seulement la conséquence de la crise capitaliste mondiale de la production et du commerce, qui a commencé au milieu des années 1970 et continue de s'approfondir. C'est aussi la conséquence des *politiques* initiées par l'administration du Parti démocrate des deux Clinton dans les années 1990 et poursuivies avec la même vigueur par les administrations républicaine de George W. Bush et démocrate de Barack Obama.

- La suppression de l'aide fédérale aux enfants de mères seules et des coupures drastiques dans d'autres programmes d'aide sociale à tous les niveaux.
- Des lois et des politiques camouflées sous des noms comme « guerre contre la drogue » et les appels à une

plus grande « justice pénale » qui ont fait des États-Unis le pays avec le taux d'incarcération le plus élevé au monde. Avec à peine 4 pour cent de la population mondiale, les États-Unis comptent environ 25 pour cent de tous les prisonniers de la planète. Nous devrions ajouter que c'est parmi ces prisonniers que nos cinq frères cubains ont vécu et accompli leur travail politique pendant environ 16 ans [3].

Plusieurs des livres les plus lus des éditions Pathfinder expliquent et documentent plus en détails toutes ces questions. Ils sont disponibles à la table que beaucoup d'entre vous ont déjà vue. C'est le cas de *Le bilan anti-ouvrier des Clinton* et *Sont-ils riches parce qu'ils sont intelligents ?* de Jack Barnes, le secrétaire national du Parti socialiste des travailleurs (SWP), et *It's the Poor Who Face the Savagery*

---

[3]. En septembre 1998, l'administration Clinton a annoncé qu'un « réseau d'espionnage cubain » avait été découvert en Floride et que le FBI avait arrêté 10 de ses membres. En juin 2001, les cinq accusés mis en examen, Fernando González, René González, Antonio Guerrero, Gerardo Hernández et Ramón Labañino ont tous été condamnés pour « conspiration en vue d'agir en tant qu'agent étranger non enregistré. » Antonio Guerrero, Gerardo Hernández et Ramón Labañino ont également été reconnus coupables de « complot en vue de commettre des activités d'espionnage » et Gerardo Hernández, de « complicité en vue de commettre un meurtre. » Les peines allaient de 15 ans jusqu'à deux peines de réclusion à perpétuité plus 15 ans pour Gerardo Hernández.

Les cinq révolutionnaires, aujourd'hui « Héros de la République de Cuba, » avaient accepté des missions pour informer le gouvernement cubain des activités de groupes contre-révolutionnaires aux États-Unis qui planifiaient des attaques terroristes contre Cuba. La dignité et la force des Cinq, les efforts inlassables du gouvernement cubain et une vaste campagne internationale pour obtenir leur libération ont finalement permis d'obtenir la liberté des trois qui étaient toujours en prison : Gerardo Hernández, Ramón Labañino et Antonio Guerrero, le 17 décembre 2014. Le même jour, les présidents Raúl Castro et Barack Obama ont annoncé le rétablissement des relations diplomatiques entre les deux pays, rompues par Washington quelque 55 ans auparavant.

of the US « Justice » System, dans lequel les Cinq Cubains, comme on les connaît partout dans le monde, parlent de leurs expériences comme membres de la classe ouvrière derrière les barreaux aux États-Unis.

Les travailleurs de la Virginie-Occidentale ripostent

Souvent, lorsque nous expliquons ces réalités sociales à des travailleurs ici à Cuba (et ailleurs), ils nous demandent : « Comment quelqu'un peut-il accepter cela ? Pourquoi n'y a-t-il pas eu de résistance ? »

> **« Dans les meilleures traditions du syndicalisme — comme un précurseur du mouvement ouvrier de lutte qui se construira à nouveau — la grève a acquis des aspects d'un véritable mouvement social. »**

Notre réponse est toujours la même : « *Il y a* de la résistance. Les travailleurs cherchent constamment une façon de riposter — et *d'agir* quand ils trouvent la voie. » Mais si vous ne faites pas partie de la classe ouvrière, vous ignorez ce qui se passe jusqu'à ce que ça explose.

Aucun travailleur ne va en grève sans avoir épuisé les autres recours. Sans être convaincu qu'il n'a plus le choix.

La grève des enseignants de Virginie-Occidentale était justement un exemple de ce genre d'éruption volcanique. Elle a semblé sortir de nulle part, mais elle se préparait depuis des années. Elle avait des racines profondes.

Quand les enseignants et les autres employés scolaires ont cessé le travail, quand ils ont vu la force de leur nombre, leur confiance en soi et leur détermination ont aussi explosé. Avec le soutien de leurs élèves, de leurs familles, de leurs syndicats et de leurs églises — et la mémoire toujours vive des nombreuses batailles acharnées que les mineurs ont livrées — ils ont organisé des services d'aide alimentaire d'urgence pour les élèves et les grévistes. Ils ont mis en place des activités de jour pour les enfants. Ils ont collecté de l'argent et des vêtements, et ont fait encore plus.

Dans les meilleures traditions du syndicalisme — comme un précurseur du mouvement ouvrier de lutte qui se construira à nouveau — la grève a acquis des aspects d'un véritable mouvement social, qui lutte pour les besoins de toute la classe ouvrière et de ses alliés.

« Ce que nous voyons, c'est une classe de gens qui se soulève, » a affirmé avec fierté un travailleur en grève à un journaliste.

Et il avait raison. Il s'agissait des hommes et des femmes qu'Hillary Clinton, au cours de sa campagne présidentielle, a si dédaigneusement qualifiés de « panier de déplorables. » Ces gens des contrées « arriérées » (c'est le mot qu'elle a employé !) du pays entre New York et la Californie. Ces gens qu'elle a traités de « racistes, sexistes, homophobes, xénophobes, » et en particulier ces femmes, « femmes blanches mariées, » trop faibles pour résister à la « pression de voter comme votre mari, votre patron ou votre fils » vous dit de le faire, a-t-elle répété à plus d'une occasion.

Faut-il s'étonner que Trump l'ait emporté en Virginie-Occidentale par un vote de 69 pour cent contre 27 pour Hillary Clinton ?

La *meilleure* classe de gens qui s'est engagée dans cette lutte a non seulement gardé toutes les écoles fermées pendant neuf jours. Elle a aussi envoyé jour après jour des milliers de manifestants occuper le capitole de l'État. À mi-chemin dans la grève, les enseignants ont rejeté la proposition, que les officiers syndicaux leur ont soumise,

« En Virginie-Occidentale, l'une des plus importantes luttes ouvrières en un quart de siècle a surgi sur la scène nationale. »

Des enseignants, des chauffeurs d'autobus, des travailleurs de cafétéria et des gardiens ont fermé des écoles dans les 55 comtés et ont ainsi obtenu une augmentation de salaire pour tous les employés de l'État. La grève avait des aspects d'un mouvement social de lutte pour les besoins des travailleurs.

Ci-dessus : Des grévistes se rassemblent en février 2018 devant le capitole, à Charleston en Virginie-Occidentale.

À gauche : À Hurricane en Virginie-Occidentale, des volontaires préparent la nourriture dans une église pour les étudiants qui dépendent des repas qu'ils reçoivent à l'école. Des initiatives similaires se sont développées dans tout l'État.

À droite : À Phoenix en Arizona, au mois de mars 2018. Rassemblement des enseignants en grève. Dans toutes les manifestations, des panneaux faits main ont témoigné de l'impact de la grève en Virginie-Occidentale.

L'affiche dit : « Ne me forcez pas à vous faire le coup de la Virginie-Occidentale ! »

THE MILITANT

Selon Mary-Alice Waters, les grèves des professeurs « réfutent de manière vivante l'image d'une classe ouvrière arriérée » telle que la dépeignent des libéraux de la classe moyenne et de la gauche radicale. Ce n'est pas seulement Donald Trump qu'ils espèrent destituer. Leur cible — et ce qu'ils ont commencé à craindre — c'est cette classe de gens qui se soulèvent et dont beaucoup ont voté pour Trump. »

CHIP BOK/CREATORS.COM

En haut : Piquet de grève de chauffeurs d'autobus scolaires et de leurs partisans devant un dépôt durant leur conflit de neuf jours, à Hurricane en Virginie-Occidentale, en mars 2018. L'affiche à droite dénonce les réductions de la couverture médicale annoncées par l'Agence publique d'assurance de l'État.

Caricature : La femme dit : « Bien sûr, je veux la destitution de Donald Trump. Mais avant tout, je veux que soient destitués les déplorables qui ont voté pour lui. »

d'accepter la promesse d'un accord faite par le gouverneur. *Ils avaient déjà entendu de telles promesses.* Ils ont poursuivi la grève jusqu'à ce qu'ils forcent la législature à adopter, et le gouverneur à signer, la loi qui leur accordait une augmentation de salaire de cinq pour cent, pas seulement pour le personnel scolaire, mais pour tous les employés de l'État.

Une masse confiante de vainqueurs en t-shirts rouges est sortie du capitole de l'État en scandant : « Qui a écrit une page d'histoire ? Nous avons écrit une page d'histoire ! »

Pendant que se répandait la nouvelle, les enseignants en Oklahoma, au Kentucky et en Arizona préparaient leurs propres grèves. « Ne nous obligez pas à vous faire le coup de la Virginie-Occidentale ! » est devenu leur cri de ralliement.

Les autres membres du panel vous en diront davantage sur tout cela au cours de la matinée.

Ce qui s'est passé en Virginie-Occidentale réfute sans équivoque le portrait d'une classe ouvrière « arriérée » et imprégnée de préjugés que dépeignent, presque sans exception, un large éventail de libéraux de la classe moyenne et une grande partie de la gauche radicale aux États-Unis et dans le monde entier. Ce n'est pas seulement Donald Trump qu'ils espèrent obsessivement destituer. Leur cible — et ce qu'ils ont commencé à craindre — c'est cette classe de gens qui se soulèvent, dont beaucoup ont voté pour Trump.

Ce qui se cache derrière les actions de dizaines de milliers de travailleurs comme ceux-là, ce n'est pas la haine des Mexicains, des musulmans, des Américains africains ou le désir de garder les femmes à la maison, pieds nus et enceintes. Regardez simplement les photos exposées au fond de la salle. Regardez les visages des femmes de Virginie-Occidentale, du Kentucky, d'Arizona et d'ailleurs qui sont au premier rang des batailles des enseignants !

Les travailleurs engagés dans ces combats ne réclament pas un mur à la frontière, ils ne tripotent pas les femmes et ne défilent pas avec des cagoules du Ku Klux Klan en brûlant des croix. Ils exigent la dignité et le respect pour eux-mêmes et leurs familles, ainsi que pour tous les travailleurs comme eux.

Et ils n'éprouvent que de la méfiance et une haine croissante envers ce qu'ils appellent « la classe politique, » qu'elle soit républicaine ou démocrate, à Washington ou dans toutes les capitales d'État du pays. C'est pourquoi le slogan « Drainons le marais ! » a trouvé un écho bien au-delà de ceux qui ont voté pour Trump. Ce ne sont pas des attitudes réactionnaires qui aiguillonnent la plupart de ces travailleurs. Mais ce n'est pas non plus une conscience politique de classe indépendante. Une telle conscience ne peut se développer qu'avec le temps, grâce à des *actions de grande envergure de la classe ouvrière sur les piquets de grève et dans les rues*.

Nous ne prétendons pas savoir à quel rythme ces luttes se développeront ou quelle forme elles prendront, mais nous savons qu'elles révéleront la même solidarité de classe qui a éclos en Virginie-Occidentale.

S'il y a un élément de notre présentation de ce matin que vous garderez en mémoire, j'espère que ce sera ceci :

Parmi les travailleurs aux États-Unis aujourd'hui, nous trouvons une ouverture, plus grande que jamais au cours de notre vie politique, non seulement pour réfléchir à ce que pourrait signifier une révolution socialiste et pourquoi elle pourrait bien être nécessaire, mais aussi pour en discuter ; une plus grande ouverture pour considérer l'idée que notre classe est capable d'assumer la responsabilité du pouvoir d'État et pourquoi elle devrait le faire ; et pour comprendre que, dans ces luttes, nous pouvons nous transformer en êtres humains différents.

Cette ouverture politique, cet intérêt pour la politique, se manifeste autant parmi ceux qui ont voté pour Trump que parmi ceux qui ont voté pour Clinton ou ceux encore, dont le nombre a battu un record, qui n'ont pu se résoudre à voter pour l'un ou l'autre des candidats à la présidence.

> **Les luttes révolutionnaires des travailleurs sont *inévitables*. Ce sont les attaques des classes possédantes en réponse à la crise qui nous les imposeront.**

Nous n'avons pas appris cela par des sondages ou des reportages des médias bourgeois. Nous le savons à partir de nos propres expériences et de celles de nos proches, qui vivent un peu partout aux États-Unis. Nous le savons de première main des hommes et des femmes que nous rencontrons quand nous allons de porte-en-porte dans les quartiers ouvriers aux compositions raciales et ethniques les plus variées, dans les grandes et petites villes et dans les régions rurales d'un bout à l'autre des États-Unis, pour parler de ces questions avec des milliers de travailleurs. Avec quiconque nous ouvre la porte.

Une révolution socialiste aux États-Unis ?

Cela nous amène à la deuxième question. Une révolution socialiste aux États-Unis est-elle vraiment possible ?

Il y a deux mois, un étudiant de l'Institut supérieur des relations internationales (ISRI) du ministère des Affaires étrangères nous a posé cette question ici à La Havane. Il a dit qu'il n'y croyait pas. La force économique et militaire de Washington est beaucoup trop grande et la classe ouvrière beaucoup trop arriérée. L'impérialisme américain, a-t-il soutenu, devra être vaincu « de l'extérieur. »

Nous, au Parti socialiste des travailleurs, nous faisons indéniablement partie d'une petite minorité, même parmi ceux qui se disent socialistes, qui répondons sans hésitation : « Oui, une révolution socialiste est possible aux États-Unis. »

Et j'ajouterais qu'aucun mouvement libérateur ne peut s'imposer « de l'extérieur » *dans quelque pays que ce soit*. Il ne peut vaincre que par l'activité de millions de personnes.

Nous disons non seulement qu'une révolution socialiste aux États-Unis est possible, mais, ce qui est encore plus important, que les luttes révolutionnaires des travailleurs sont *inévitables*. Ce sont les attaques, que les classes dirigeantes lanceront contre nous pour répondre à la crise, qui nous les imposeront, comme nous venons de le voir en Virginie-Occidentale. Et ces luttes s'inséreront, comme toujours, dans l'exemple de résistance et de luttes d'autres producteurs exploités et opprimés ailleurs dans le monde.

Ce qui *n'est pas* inévitable, c'est le résultat. C'est là que la clarté politique, l'organisation, l'expérience antérieure, la discipline et surtout, le calibre et l'expérience de la direction prolétarienne sont décisifs.

Notre confiance vient des luttes de classe auxquelles nous avons nous-mêmes pris part mais aussi de ce que nous avons appris directement des travailleurs rompus au combat qui nous ont recrutés au mouvement communiste. Je ne vous donnerai que trois exemples.

Les grandes conquêtes syndicales des années 1930

Ceux qui ont recruté ma génération comptaient parmi les fondateurs du premier parti communiste aux États-Unis en 1919. Ils avaient été délégués aux congrès de fondation de l'Internationale communiste. Ils ont été des dirigeants des grandes batailles ouvrières des années 1930, batailles qui, en quelques années à peine, ont laissé derrière les syndicats d'affaires de la Fédération américaine du travail, divisés par métiers, et ont bâti un puissant mouvement social qui a créé des syndicats industriels dans pratiquement toutes les industries de base.

À son zénith, à la fin des années 1940, environ 35 pour cent de la classe ouvrière employée dans le secteur privé était syndiquée, contre 7 pour cent en 1930 (chiffre proche des 6,5 pour cent de travailleurs du secteur privé qui sont aujourd'hui syndiqués). Les leçons que nous avons tirées de la vitesse et de la puissance de cette transformation, y compris des batailles féroces non seulement contre les hommes de main des patrons et la police mais aussi contre les bandes fascistes et les troupes de la Garde nationale envoyées pour briser les grèves, tout cela fait partie de notre éducation de base.

Labor's Giant Step, l'un des livres que vous trouverez sur la table Pathfinder au fond de la salle, raconte en détail la montée du CIO, le Congrès des organisations industrielles. Son auteur, Art Preis, a été pendant de nombreuses années l'un des principaux reporters du *Militant*.

Mais parmi les batailles syndicales des années 1930, je voudrais en particulier attirer votre attention aujourd'hui sur celle qui a été la plus importante et qui est allée le plus loin : la campagne de syndicalisation des Teamsters, le syndicat des chauffeurs routiers. Cette campagne d'organisation a débuté en 1934 à Minneapolis, la ville la plus importante du centre-nord des États-Unis et, à son apogée en 1938-1939, elle a couvert une région presque aussi grande que le sous-continent indien. Oui, le sous-continent indien !

Quatre livres remarquables relatent la riche histoire et les leçons tirées de cette campagne : *Rébellion Teamster*, le seul qui a été traduit en français, *Teamster Power*, *Teamster Politics* et *Teamster Bureaucracy*. Nous avons le plaisir d'avoir à cette conférence, pour la première fois, les quatre volumes en espagnol.

Farrell Dobbs, l'auteur de la série Teamster, était alors dans la vingtaine. Il pelletait du charbon dans un dépôt de Minneapolis quand il a émergé comme un dirigeant des grèves de 1934 qui ont transformé cette ville en ville syndicale. Il a été l'organisateur principal de la campagne qui a conduit des dizaines de milliers de routiers à se syndiquer : du Tennessee au Dakota du Nord, du Texas à l'Ohio. Il a démissionné de son poste d'organisateur général du bureau national du syndicat des Teamsters en 1940 pour devenir secrétaire du travail syndical du Parti socialiste des travailleurs, avant d'être envoyé en prison pendant la deuxième guerre mondiale avec 17 autres dirigeants de la section locale 544-CIO du syndicat des Teamsters et du SWP pour avoir organisé l'opposition syndicale aux objectifs de guerre impérialistes du gouvernement américain. Il a ensuite été secrétaire national du SWP pendant vingt ans.

Plus que toute autre expérience syndicale, c'est la campagne d'organisation des Teamsters qui nous a appris ce dont la classe ouvrière américaine est capable lorsqu'elle s'éveille à la lutte. Elle nous a appris à quelle vitesse la classe ouvrière peut assimiler ce que signifie l'indépendance politique de classe, l'internationalisme prolétarien, et comment elle peut commencer à transformer le mouvement syndical en un instrument de lutte révolutionnaire dans l'intérêt de toute la classe ouvrière et de ses alliés.

Parmi les expériences dont nous avons tiré des leçons, il y a eu la campagne pour mettre sur pied un syndicat *général* de chauffeurs : un syndicat industriel qui regroupait non seulement les chauffeurs de camions transportant du

« **La principale leçon que les militants syndicaux doivent retenir de l'expérience de Minneapolis n'est pas que les travailleurs peuvent être vaincus si le rapport de forces leur est défavorable mais qu'avec une direction appropriée, ils peuvent vaincre.** » — *Farrell Dobbs*

MINNESOTA HISTORICAL SOCIETY

Les grèves victorieuses des Teamsters à Minneapolis en 1934, ainsi que les victoires obtenues après de dures luttes par les dockers de Californie et les ouvriers des pièces d'automobiles de l'Ohio, ont donné l'exemple qui a conduit, avant la fin de la décennie, à la syndicalisation des industries automobile et sidérurgique, et de pratiquement toute l'industrie de base.

Ci-dessus : Les Teamsters en grève se défendent contre de violentes attaques de la police et de « leurs agents spéciaux. » En mai 1934, des centaines de travailleurs ont mis en déroute les flics et les hommes de main des patrons dans le quartier du marché de Minneapolis.

charbon et des aliments mais aussi les chauffeurs de taxi, les travailleurs d'entrepôts et les camionneurs de longue distance. Les travailleurs ont organisé les chômeurs, les agriculteurs, les femmes et les camionneurs indépendants comme des alliés. Ils ont lancé et entraîné une Garde de défense syndicale disciplinée, qui a stoppé net les tentatives de recrutement fasciste dont rêvaient les patrons.

Au cours de ces expériences, les militants syndicaux ont élargi leurs horizons internationaux en suivant les événements en Allemagne, en Chine et en Espagne tout en affrontant des bandes de vauriens antijuifs. Les travailleurs prenaient de plus en plus conscience de la nécessité d'entrer dans l'arène politique comme une force de classe indépendante, avec son propre parti.

Cette évolution rapide s'est terminée en 1939-1940 lorsque les pressions de la marche de Washington vers la guerre impérialiste se sont abattues sur le mouvement ouvrier. Mais comme l'écrit Farrell Dobbs dans sa postface de *Teamster Bureaucracy* : « La principale leçon que les militants syndicaux doivent retenir de l'expérience de Minneapolis n'est pas que les travailleurs peuvent être vaincus si le rapport de forces leur est défavorable mais qu'avec une direction appropriée, ils peuvent vaincre. »

C'est aussi la principale leçon que nous ont enseignée les hommes et les femmes qui, sous Fidel, ont mené la révolution cubaine à la victoire.

Abolir Jim Crow

Aucun d'entre nous à cette tribune aujourd'hui n'a vécu les grandes batailles ouvrières des années 1930. Mais plusieurs d'entre nous *avons fait partie* des générations transformées par nos propres expériences dans une autre lutte profondément révolutionnaire de la classe ouvrière : le mouvement de masse des années 1950 et 1960 qui a fait tomber le système Jim Crow, un système de ségrégation raciale institutionnalisée alors en vigueur dans le Sud des États-Unis. Cette bataille victorieuse a transformé pour toujours les relations sociales, au Nord comme au Sud, y compris au sein de la classe ouvrière et des syndicats.

C'est le deuxième exemple que j'utiliserai pour expliquer pourquoi nous sommes convaincus qu'une révolution socialiste est possible aux États-Unis.

La lutte qui a mis fin à Jim Crow a pris racine dans plusieurs décennies de résistance à la violence et à la terreur contre-révolutionnaires contre les Américains africains, qui régnaient dans tout le Sud après que l'esclavage y a été aboli en 1863 pendant la guerre civile américaine, une guerre qui a fait partie de la deuxième révolution américaine. Les forces montantes du capital financier ont rapidement trahi les gouvernements révolutionnaires populaires qui avaient pris le pouvoir dans les anciens États de l'esclavage et dont certains étaient dirigés par des Noirs. Dès 1877, ce qu'on a appelé la reconstruction radicale avait été noyée dans le sang.

Soixante-quinze ans plus tard, cependant, vers la fin des années 1950, les conditions objectives qui ont permis l'éclosion d'une nouvelle puissante vague de lutte avaient beaucoup changé. Cette lutte révolutionnaire, communément appelée le mouvement pour les droits civils, a été avant tout le produit des facteurs suivants :

- Les luttes de masse des travailleurs qui, dans les années 1930, se sont battus pour l'intégration raciale de la main-d'œuvre dans l'automobile, l'acier, le transport routier et dans bien d'autres industries.
- Les convulsions sociales de la seconde guerre mondiale, avec notamment l'exode du Sud rural et l'incorporation accélérée de millions de travailleurs américains africains, hommes et femmes, dans l'industrie et dans

Les convulsions sociales de la deuxième guerre mondiale ont contribué à l'émergence du mouvement prolétarien de masse qui a fait tomber le système de ségrégation Jim Crow. Des centaines de milliers de travailleurs et d'agriculteurs américains africains ont servi dans des unités ségrégées et dangereuses, « non combattantes, » de l'armée US. Des millions d'Américains africains ont trouvé des emplois dans l'industrie et dans d'autres centres urbains, au Nord et au Sud.

En haut : New York, 1942. Rassemblement pour mettre fin à la ségrégation au sein des forces armées US, à la discrimination dans les industries de guerre et pour condamner le coup monté et l'exécution du métayer de Virginie, Odell Waller.

En bas : Clovis, au Nouveau-Mexique, mars 1943. Les travailleuses des chemins de fer Almeta Williams, Beatrice Davis, Liza Goss et Abbie Caldwell ont fait partie des femmes embauchées dans des emplois industriels dont elles étaient auparavant exclues.

d'autres emplois urbains. Ce développement s'est inscrit dans ce qu'on appelle la grande migration, qui avait commencé pendant la première guerre mondiale impérialiste. Elle s'était accompagnée du recrutement de centaines de milliers de soldats qui étaient Noirs dans des unités ségréguées, dangereuses, soi-disant non combattantes, des forces armées US pendant la seconde guerre mondiale.

• La déségrégation des forces armées US, qui a commencé durant les années de « paix », entre le bombardement atomique du Japon et l'invasion, la partition et l'occupation de la Corée organisées par Washington en 1950. En 1951, la résistance déterminée des troupes coréennes et des troupes chinoises venues en renfort ainsi que la désaffection croissante des soldats noirs dans les unités ségréguées ont aussi entraîné la déségrégation des unités de combat de l'armée.

• La vague de mouvements de libération nationale victorieux qui a balayé le monde colonial pendant et après la seconde guerre mondiale, de la Chine, de la Corée, du Vietnam et de l'Indonésie à l'Inde, l'Afrique et les Caraïbes. La révolution cubaine aura été le point le plus avancé de ces luttes de libération nationale.

• L'hypocrisie sordide et la faillite morale des dirigeants US, qui ont prétendu avoir provoqué et prolongé ce second massacre mondial au nom de la « démocratie », de la « liberté » et de l'« égalité ».

Pour ma génération, et pour plusieurs d'entre nous ici ce matin, les années de lutte de masse qui ont renversé le prototype américain de l'apartheid ont été une école d'action révolutionnaire populaire, *notre* école.

C'est là que nous avons appris la discipline ; que nous avons découvert le pouvoir que nous avions, non pas en tant qu'individus mais grâce à notre nombre et surtout grâce à notre organisation ; que nous avons appris comment nous engager au sein du mouvement dans un débat passionné mais civil ; que nous avons appris à participer de manière politique et non naïve aux batailles inévitables qui faisaient rage au sein du mouvement pour les droits des Noirs entre des forces de classe antagoniques.

Les années de lutte de masse qui ont renversé le prototype américain de l'apartheid ont été une école d'action révolutionnaire populaire, notre école.

L'un des mythes concernant la lutte de masse qui a mis fin à Jim Crow, c'est que c'était un mouvement pacifiste ; que toutes les personnes impliquées s'opposaient, par principe, au recours aux armes comme moyen de légitime défense contre la violence du Ku Klux Klan, du Conseil des citoyens blancs et d'autres groupes extrajudiciaires étroitement liés au Parti démocrate et aux services de police dans le Sud et une partie des États frontaliers.

Les faits prouvent le contraire. Des travailleurs qui avaient une formation militaire et une expérience de combat pendant la deuxième guerre mondiale et en Corée se sont organisés dans les Diacres pour la défense et la justice, en Louisiane, et dans une section de la NAACP, l'Association nationale pour l'avancement des gens de couleur, à Monroe en Caroline du Nord, afin de protéger leurs communautés et leurs enfants qui manifestaient. Un groupe de sécurité bien organisé assurait également la protection de Martin Luther King.

Par-dessus tout, nous nous sommes identifiés à Malcolm X, dont nous avons beaucoup appris, alors qu'il poursuivait de plus en plus consciemment un cours révolutionnaire, internationaliste, et ensuite, oui, une orientation ouvrière ; pendant qu'il poursuivait un cours qui allait lui permettre de se lier à ceux qui dans le monde entier, quelle que soit la couleur de leur peau, avaient compris que nous sommes des combattants dans un conflit mondial « entre ceux qui veulent la liberté, la justice et l'égalité pour tous et ceux qui veulent perpétuer les systèmes d'exploitation. »

Pour beaucoup d'entre nous, c'est ce mouvement de masse aux États-Unis, noir et prolétarien, combiné au même moment à l'exemple que nous ont donné les travailleurs et les paysans de Cuba et l'extension de leur révolution, qui a donné à *notre* génération une confiance inébranlable dans les capacités révolutionnaires des travailleurs.

Cuba et la révolution américaine à venir, de Jack Barnes, l'un des livres les plus importants que vous trouverez sur la table Pathfinder à l'arrière, décrit comment ces deux luttes révolutionnaires se sont fusionnées pour nous.

« Le plus grand obstacle à la ligne de marche des travailleurs, dit Jack dans ces pages, c'est la tendance chez les travailleurs et les agriculteurs, encouragée et perpétuée par les classes exploiteuses, à nous sous-estimer, à sous-estimer ce que nous pouvons accomplir, à douter de notre propre valeur. »

Les travailleurs et les agriculteurs de Cuba nous ont montré qu'avec la solidarité de classe, la conscience politique, le courage, un travail d'éducation ciblé et persistant et une direction révolutionnaire du calibre de celle de Cuba, une direction testée et forgée par des années de luttes et de sacrifices, il est possible de faire face à une puissance et à des forces énormes qui, au départ,

« Le mouvement de masse noir et prolétarien qui a combattu aux États-Unis la ségrégation Jim Crow et l'exemple donné par les travailleurs et les agriculteurs de Cuba ont insufflé à notre génération une confiance inébranlable dans les capacités révolutionnaires des travailleurs. »

RADIO REBELDE

En haut : Montgomery en Alabama, décembre 1955. Première réunion de masse pour soutenir le boycott du système de transport urbain contre les lois qui obligeaient les Noirs à s'asseoir à l'arrière des autobus. Le mouvement pour les droits des Noirs aux États-Unis a fini par regrouper des millions de personnes et a renversé dans tout le Sud un système de ségrégation raciale qui avait les traits de l'apartheid.

En bas : La Havane, février 1962. Un million de personnes manifestent leur soutien à la Deuxième déclaration de La Havane dont Fidel Castro fait la lecture. Avec la victoire révolutionnaire à la baie des Cochons (Playa Girón) l'année précédente — la première défaite militaire de Washington dans les Amériques — le peuple cubain a montré au monde que « la révolution est possible, » a affirmé Castro.

semblent poser des difficultés insurmontables, *de gagner* et ensuite d'accélérer la construction d'une société vraiment *nouvelle*, dirigée par la seule classe capable de le faire.

Tel a été le fondement de l'éducation politique de ma génération.

Le Vietnam et la guerre impérialiste

Alors que triomphait la lutte prolétarienne de masse contre le système Jim Crow, notre confiance dans les capacités révolutionnaires de la classe ouvrière américaine s'est approfondie avec le troisième exemple que je citerai : la bataille pour mettre fin à la guerre des dirigeants US contre le peuple du Vietnam. Nous n'avons jamais douté de la victoire du peuple vietnamien et de ceux d'entre nous qui étaient déterminés à défendre sa lutte pour la souveraineté et l'unification nationales.

Au cours de cette bataille, alors que les mobilisations contre la guerre se développaient pour inclure des millions de personnes, les fissures croissantes dans le tissu de la société américaine ont terrifié les dirigeants US.

Des révoltes massives ont explosé dans les ghettos noirs des grandes villes du Nord et ont culminé dans les rébellions qui ont frappé presque toutes les villes des États-Unis en 1968, à la suite de l'assassinat de Martin Luther King. Ce fut un assassinat politique perpétré de sang-froid au milieu d'une grève des éboueurs de Memphis au Tennessee avec lesquels Martin Luther King venait se solidariser.

Pour intimider et réprimer les protestations contre la guerre et celles qui se développaient dans les ghettos, les dirigeants US ont recouru de plus en plus aux troupes de la Garde nationale. En mai 1970, alors que des manifestations d'une ampleur sans précédent secouaient les

« **L'opposition de masse à la guerre du Vietnam, y compris dans les rangs des conscrits de l'armée, a profondément ébranlé les dirigeants américains.** »

N. J. BROWN

San Francisco, octobre 1968. Cinq cents soldats en service actif, certains risquant la cour martiale pour défiler en uniforme, dirigent une manifestation de 15 000 personnes contre la guerre au Vietnam.

« Au moment où la lutte contre Jim Crow triomphait, a soutenu Mary-Alice Waters, notre confiance dans les capacités révolutionnaires de la classe ouvrière américaine s'est approfondie dans la lutte pour mettre fin à la guerre des dirigeants américains contre le peuple vietnamien. Nous n'avons jamais douté de la victoire du peuple vietnamien et de ceux d'entre nous qui étaient déterminés à défendre sa lutte. »

États-Unis en opposition à l'invasion par Washington du Cambodge, le long de la frontière vietnamienne, les forces de la Garde nationale qui occupaient leur campus ont tué deux étudiants à l'Université d'État de Jackson au Mississippi et quatre autres à l'Université d'État de Kent en Ohio. Les manifestations se sont multipliées et ont trouvé un plus grand écho.

La montée de l'opposition de masse contre la guerre du Vietnam a profondément ébranlé les dirigeants US et leurs serviteurs. Ces mobilisations se développaient non seulement parmi les étudiants et parmi des millions de travailleurs, dont le nombre ne cessait d'augmenter, mais aussi de plus en plus dans les rangs des conscrits de l'armée US, en particulier parmi ceux qui avaient été envoyés pour combattre au Vietnam. Le vent a tourné.

C'est ce qu'ont reflété la crise politique bourgeoise connue sous le nom de Watergate et la destitution du président Richard Nixon : c'étaient les tremblements d'épouvante des dirigeants américains.

Ce sont de telles expériences de vie qui nous ont appris certaines choses sur la dynamique politique qui marquera inévitablement une révolution socialiste américaine victorieuse.

~

Un dernier point.

Le monde dans lequel nous vivons aujourd'hui n'a pas un avenir de paix et de prospérité capitalistes. Pour imaginer le contraire, il faudrait croire que les familles dirigeantes du monde impérialiste et leurs magiciens financiers ont trouvé une façon de « gérer » le capitalisme en crise ; qu'ils ont découvert les moyens d'éviter les crises financières dévastatrices et les effondrements de la production, du commerce et de l'emploi.

« Les luttes révolutionnaires sont inévitables. Ce sont les attaques des classes possédantes qui nous obligeront à livrer ces luttes, qui se lieront à la résistance d'autres producteurs exploités dans le monde. »

RÉGIS DUVIGNAU / REUTERS

En haut : Sud-ouest de la France, décembre 2018. Pendant des semaines, des travailleurs des villes et des régions rurales de France ont porté leurs gilets jaunes (requis par la loi dans chaque voiture) dans des actions qui s'opposaient à l'augmentation de la taxe sur les carburants, aux coupures des pensions de retraite et au niveau misérable du salaire minimum. Le gouvernement a dû reculer.

En bas : Saïgon, aujourd'hui Hô-Chi-Minh-Ville, le 30 avril 1975. Des combattants pour la libération nationale entrent en vainqueurs dans l'enceinte du palais présidentiel alors que les derniers combattants américains s'enfuient par hélicoptère.

Il faudrait croire que la crise du crédit qui a explosé il n'y a pas si longtemps, en 2007-2008, est une aberration et qu'elle ne se reproduira pas, cette fois avec des conséquences encore plus dévastatrices pour les travailleurs.

C'est le contraire qui est vrai.

> « Dans les batailles à venir, la conscience de classe, la confiance et la capacité de direction parmi les travailleurs se développeront de façon inégale mais rapide. »

La crise du capital financier n'est pas un ajustement cyclique à court terme. Les taux de profit du capitalisme mondial suivent une longue courbe descendante depuis le milieu des années 1970, il y a maintenant plus de 40 ans. Quelqu'un parmi nous croit-il vraiment que, sous la domination d'un capital financier et bancaire constamment menacé d'effondrement, le capitalisme mondial pourrait maintenant entrer dans une période soutenue d'investissements accrus dans l'expansion de la capacité industrielle et l'embauche massive de travailleurs ?

Tous les faits pointent dans l'autre direction.

Nous sommes entrés dans ce qui sera une période de décennies de convulsions économiques, financières et sociales, de rivalités croissantes entre les États capitalistes, de recrudescence des conflits de classes et de guerres sanglantes comme celles en Irak, en Afghanistan, en Syrie et ailleurs.

Les années à venir *aboutiront* inévitablement à une troisième guerre mondiale *si* la seule classe capable de prendre le pouvoir d'État, *la classe ouvrière*, n'y parvient pas ; si nous n'arrachons pas le pouvoir de faire la guerre des mains des dirigeants impérialistes, en particulier aux États-Unis.

Mais pour nous, une évaluation objective et réaliste de ce qui nous attend n'est pas une raison de paniquer, se démoraliser ou désespérer. Bien au contraire. Les années à venir apporteront aussi, à l'échelle mondiale, une résistance de plus en plus organisée par des avant-gardes croissantes de travailleurs acculés au mur par l'offensive que mènent les capitalistes dans le but d'intensifier l'exploitation des travailleurs et ainsi renverser la chute de leur taux de profit.

C'est dans ces batailles que la conscience de classe, ainsi que la confiance et la capacité de direction parmi les travailleurs se développeront, de façon inégale mais rapide.

Et le temps est de *notre* côté, pas du leur.

Le 13 mars 1961, à peine un mois avant la bataille victorieuse de Playa Girón ou la débâcle de la baie des Cochons comme on l'appelle aux États-Unis, Fidel Castro a parlé à des dizaines de milliers de travailleurs, d'agriculteurs et de jeunes cubains qui se préparaient à faire face à l'invasion, que nous savions tous inévitable. En réponse à Washington, qui s'illusionnait sur la possibilité que cette bataille installe à Cuba un gouvernement soumis aux dirigeants US, Fidel a déclaré à la foule qui l'acclamait : « On verra une révolution victorieuse aux États-Unis avant une contre-révolution victorieuse à Cuba. »

Ses paroles n'étaient pas des fanfaronnades vides. Fidel *ne s'est jamais* abaissé à la démagogie. Il ne scrutait pas non plus une boule de cristal en prétendant prévoir l'avenir. Nous et le peuple révolutionnaire de Cuba l'avons bien compris. Il parlait comme un dirigeant qui présente, en fait *propose*, un cours de lutte, une ligne de marche, pour nos vies entières. Il répondait, comme toujours, à la question de Lénine : « Que faire ? »

En Amérique du Nord, ainsi qu'à Cuba, chaque nouvelle génération de révolutionnaires a inscrit ces mots sur son drapeau.

Les familles dirigeantes et leurs serviteurs aujourd'hui ignorent les capacités politiques et le potentiel révolutionnaire des travailleurs et des agriculteurs aux États-Unis aussi complètement qu'ils ont ignoré ceux des travailleurs cubains à Playa Girón.

Et tout autant à tort.

De Clinton à Trump : Comment les travailleurs aux États-Unis ont riposté

Biographies et remarques des participants au panel

MAYKEL ESPINOSA / JUVENTUD REBELDE

Le panel à la conférence d'avril 2018 à La Havane. De gauche à droite, Róger Calero (au micro), Víctor García (traducteur), Willie Head, Omari Musa, Alyson Kennedy et Jacob Perasso.

« De Clinton à Trump : Comment les travailleurs aux États-Unis font face à l'offensive anti-ouvrière des patrons, de leurs partis et de leur gouvernement. » Tel était le titre de la deuxième partie de la session sur la lutte des classes aux États-Unis lors de la conférence du 24 au 26 avril 2018, à La Havane.

Les membres du panel comprenaient un petit agriculteur et quatre autres travailleurs avec des années d'expérience dans différentes industries. Chacun a fait une brève présentation pour décrire les conséquences pour les travailleurs de l'offensive que les patrons mènent depuis quatre décennies dans le but de stimuler la « productivité » et d'accroître leurs taux de profit. Mais plus important encore, les membres du panel ont décrit certaines des luttes politiques, sociales et syndicales auxquelles eux et leurs collègues ont participé.

Toutes les personnes présentes avaient reçu de brèves notes biographiques de chacun des membres du panel. Ce sont ces notes que nous publions ici, accompagnées d'un résumé des remarques qu'ils ont faites.

Alyson Kennedy. Alyson a été une mineure de charbon syndiquée pendant 14 ans. Elle a fait partie de la première vague de femmes qui, dans les années 1970 et 1980, ont brisé les barrières érigées par les patrons du charbon pour les exclure des emplois dans les mines souterraines. Elle a pris part aux batailles du syndicat des mineurs dans les régions houillères, depuis la Virginie-Occidentale et de  l'Alabama à l'Utah. Alyson a été la candidate du Parti socialiste des travailleurs à la présidence des États-Unis en 2016. Elle vit à Dallas, au Texas, où elle travaille pour la chaîne internationale de magasins Walmart.

Pendant la conférence à La Havane, Alyson Kennedy a fait ressortir certains aspects de l'histoire de luttes des Mineurs unis d'Amérique (UMWA), dont la lutte des mineurs membres du mouvement des Mineurs pour la démocratie qui ont réussi, dans les années 1970, à prendre le contrôle du syndicat. La nouvelle direction syndicale a alors accordé aux rangs le droit de voter sur les conventions collectives. Le syndicat ainsi renforcé a lutté et a obtenu, parmi d'autres revendications clés, la création de comités syndicaux de santé et de sécurité au travail qui avaient le droit d'arrêter la production en cas de danger.

Au cours de ces mêmes années, de nouvelles lois fédérales sur l'égalité des chances à l'embauche ont obligé les patrons du charbon à permettre aux femmes de travailler comme mineures de fond. Alyson Kennedy a expliqué comment les femmes mineures ont appris à résister au harcèlement sexiste et aux autres mesures instituées par les patrons du charbon pour les chasser des mines, et comment elles ont gagné le soutien des syndicats et celui de leurs collègues qui étaient des hommes. Elle a décrit comment l'intégration des femmes dans la main-d'oeuvre a renforcé les UMWA.

Alyson Kennedy a également décrit la grande mobilisation des 25 000 enseignants et autres membres du personnel scolaire en grève en Oklahoma à laquelle elle avait participé trois semaines auparavant. Dans un État qui n'a pas la même tradition d'action ouvrière que la Virginie-Occidentale, les enseignants ont fermé les écoles pendant neuf jours et ont obtenu une augmentation des salaires et des budgets des écoles.

La grève en Oklahoma a été la plus forte de toute la vague de protestations des enseignants qui ont puisé une plus grande énergie dans l'exemple donné par la classe ouvrière en Virginie-Occidentale. Alyson Kennedy a expliqué que, tout comme c'est le cas pour les enseignants, bon nombre de ses collègues de travail chez Walmart, ainsi que de nombreux clients, cumulent plus d'un emploi pour survivre. Ils se sont identifiés à la lutte des enseignants et l'ont soutenue.

Willie Head. Willie est depuis longtemps un petit agriculteur du sud de la Géorgie, un vétéran des batailles menées pendant un siècle et demi par des agriculteurs noirs pour conserver leurs terres. Pendant 12 ans, il a été vice-président du Tribunal populaire de Valdosta, en Géorgie, une organisation locale qui s'est battue pour traduire en justice un policier qui avait  battu à mort un prisonnier qui avait les mains liées derrière le dos. Comme la plupart des petits agriculteurs aux États-Unis, Willie a travaillé toute sa vie dans de nombreux emplois non agricoles, syndiqués et non syndiqués, pour payer les factures et continuer à cultiver la terre.

Willie Head a décrit les violences policières et les assassinats d'Américains africains dans le Sud rural et le travail du Tribunal populaire de Valdosta, qu'il a appelé son « premier combat de front contre le système judiciaire des États-Unis. »

Il y a un siècle, les agriculteurs américains africains possédaient plus de 6,5 millions d'hectares de terre aux États-Unis, a-t-il noté. Aujourd'hui, ils en ont à peine un million. Willie Head a décrit en détail la longue bataille judiciaire entreprise en 1992 par plus de 25 000 agriculteurs noirs contre la discrimination dont ils sont victimes de la part des banques, des tribunaux et du département de l'Agriculture du gouvernement fédéral. Toutes ces institutions font pression sur les agriculteurs noirs pour qu'ils vendent leurs terres. Il a décrit comment une décision judiciaire a non seulement laissé les agriculteurs comme lui, qui avaient pourtant « gagné », dans une situation pire qu'avant, mais leur a également enlevé toute possibilité d'obtenir un prêt ou de l'aide du département de l'Agriculture.

Willie Head a décrit les types d'emplois qu'il a occupés pour survivre, dont un qui impliquait un voyage quotidien de 290 kilomètres aller-retour pour se rendre dans le nord de la Floride et revenir chaque nuit pour s'occuper de son bétail et de ses récoltes. « Oui, aux États-Unis, contrairement à Cuba, les agriculteurs peuvent perdre leurs terres, » a-t-il dit aux participants à la conférence. « Ce que j'ai appris du peuple cubain et de cette révolution m'a profondément marqué. »

Jacob Perasso. Jacob est chef de train de marchandises et membre du syndicat SMART-TD dans l'un des plus grands dépôts de rail du nord-est des États-Unis. Il est un dirigeant du travail des Jeunes socialistes aux États-Unis et au niveau international. Il a travaillé précédemment dans des abattoirs du Midwest où il a participé à plusieurs luttes de syndicalisation.

Jacob Perasso a décrit en détail comment les conditions dans l'industrie du rail deviennent de plus en plus dangereuses à mesure que les patrons réduisent la taille des équipes, prolongent la journée de travail jusqu'à 12 heures, lésinent sur la formation et exigent que leurs employés fassent fi de la sécurité. Il a évoqué le déraillement de train survenu en 2013 dans la petite ville de Lac-Mégantic, au Québec, juste au nord de la frontière canado-américaine, quand un train chargé de pétrole extrêmement inflammable a explosé, faisant 47 morts. Un jury, constitué de résidents locaux, a posé un geste particulièrement significatif en refusant de condamner les deux travailleurs que la compagnie de chemin de fer accusait. Quand a surgi la preuve du mépris des patrons pour la sécurité, les habitants de la ville n'ont plus eu le moindre doute sur qui étaient les vrais responsables.

Jacob Perasso a décrit le système de primes, de salaires différents et d'autres mesures incitatives utilisées par les employeurs pour diviser la main-d'oeuvre et même convaincre certains travailleurs d'aller jusqu'à promouvoir des conditions de travail de plus en plus dangereuses. En dépit de telles pressions, des cheminots dans le transport de marchandises ont rejeté en 2014 un contrat qui aurait permis aux patrons d'instaurer des équipes de train d'une seule personne. Cette victoire a ralenti mais n'a pas arrêté l'offensive des propriétaires.

Il a souligné la nécessité de transformer les syndicats dans le feu des luttes au cours desquelles les travailleurs parviennent de plus en plus à prendre conscience de leur force collective. « Au travail, nous cherchons à expliquer l'histoire qui a amené le mouvement syndical là où il en est aujourd'hui, a-t-il dit. Nous expliquons la nécessité de cesser de compter sur les propriétaires capitalistes, leurs partis, leur gouvernement et leur État. Nous devons tracer un cours politique indépendant d'eux, un cours de lutte pour défendre les intérêts de l'ensemble de la classe ouvrière. »

Harry D'Agostino. Harry est un travailleur, contrebassiste, directeur d'un groupe de musiciens et un Jeune socialiste. Lui et son groupe se produisent partout au nord-est et au centre-nord des États-Unis. Bien qu'à la dernière minute il n'ait pas pu se joindre au panel à La Havane, les personnes présentes ont pu lire les remarques qu'il avait préparées.

Comme des millions de jeunes travailleurs, a expliqué Harry D'Agostino, il a occupé de nombreux emplois, dans de petits magasins, des entrepôts. Et aussi comme des millions d'autres, il a presque toujours été un « travailleur temporaire » qui n'a pas d'heures ou de jours de travail garantis, ni de protection en matière de santé, de vacances ou d'une assurance chômage. Et il peut être congédié à tout moment. De nombreux jeunes travailleurs croulent sous des dettes étudiantes de dizaines de milliers de dollars « que le gouvernement et les banques nous ont encouragés à contracter afin de « réussir dans la vie. » La plupart de ces jeunes n'ont aucun espoir de les rembourser, a-t-il dit.

Il a décrit l'impact saisissant de la grève des enseignants de Virginie-Occidentale où lui et d'autres membres de sa génération ont vu pour la première fois le pouvoir de la classe ouvrière en action. « Un grand mouvement de travailleurs, un mouvement social dans tout un État, c'était tout à fait nouveau pour nous, a expliqué Harry D'Agostino. Et une victoire, ce l'était encore plus ! Ça nous a permis de penser à nous battre et à nous organiser pour suivre cet exemple. »

Omari Musa. Omari a travaillé pendant une cinquantaine d'années dans toutes sortes d'emplois, syndiqués ou non, de la Californie à Miami, dans les chemins de fer, l'industrie du pétrole et même une fabrique de crème glacée. Il vit actuellement à Washington, où il travaille chez Walmart. Il est un vétéran des batailles en défense des droits des Américains africains et un dirigeant national de longue date du travail pour défendre la révolution cubaine, à l'intérieur et à l'extérieur du mouvement ouvrier.

Omari Musa a critiqué les affirmations de nombreux libéraux et radicaux aux États-Unis qui prétendent que le racisme est à la hausse et que la plupart des travailleurs qui sont caucasiens — par exemple la majorité des enseignants en grève en Virginie-Occidentale et en Oklahoma — sont réactionnaires. C'est pourquoi Donald Trump a été élu et non Hillary Clinton, disent-ils.

Omari Musa a grandi dans le Sud profond pendant le système de discrimination raciale institutionnel de Jim Crow. Il voit bien à quel point la situation a changé depuis lors, a-t-il dit. Il a expliqué que la « révolution sociale qui a eu lieu aux États-Unis, » a été la conséquence d'un mouvement de masse, dirigé par les Noirs dans les années 1950 jusqu'au début des années 1970. Ce mouvement a détruit les institutions de ségrégation raciale et a profondément changé la conscience des travailleurs, aussi bien noirs que caucasiens.

« Aujourd'hui, la force de travail est plus intégrée que jamais et les dirigeants ont plus de difficulté qu'à aucun autre moment dans l'histoire des États-Unis, à utiliser le racisme pour nous diviser, a-t-il affirmé. Cette révolution sociale nous a tous renforcés. »

Il existe encore beaucoup de discrimination raciale, a-t-il souligné. De telles divisions génèrent des centaines de milliards de profits et ne seront jamais éliminées sous le capitalisme. Mais le racisme et la violence contre les Noirs sont en baisse et non en croissance. « Les provocations organisées par les groupes de suprématistes blancs, comme celle de Charlottesville en Virginie en août 2017, attirent quelques centaines de personnes et non des milliers comme il y a des décennies. Il n'y a plus de foules cruelles qui attaquent les Noirs dans les rues et dans leurs maisons. » Une semaine après la provocation de Charlottesville au cours de laquelle une contre-manifestante a été tuée, 40 000 personnes sont descendues dans les rues de Boston pour répudier cette action de l'extrême-droite.

Omari Musa a cité l'exemple de la vedette de football Colin Kaepernick, un Américain africain qui a refusé de rester debout pendant l'hymne national en signe de protestation contre les assassinats par la police et contre les attaques racistes. « Il est devenu un héros pour des millions de gens, de toutes races. »

Róger Calero. Róger a immigré avec sa famille du Nicaragua aux États-Unis quand il avait 15 ans. Il a travaillé dans des usines de conditionnement des viandes au Minnesota et en Iowa où il était membre des Travailleurs et travailleuses unis de l'alimentation et du commerce. Il a alors participé à des campagnes de syndicalisation et à des luttes syndicales pour défendre les droits des travailleurs immigrés. En

2002, le gouvernement des États-Unis l'a arrêté et a tenté de l'expulser, ce qui a déclenché une campagne internationale de défense victorieuse que de nombreux syndicats ont appuyée. Il a été le candidat du Parti socialiste des travailleurs à la présidence des États-Unis en 2004 et 2008.

Róger Calero a souligné l'importance pour le mouvement ouvrier de défendre les travailleurs immigrés. Il a expliqué ce qui motive la campagne contre les immigrants que l'administration de Donald Trump a approfondie. Il a décrit comment l'intégration de millions de travailleurs nés à l'étranger a renforcé la classe ouvrière aux États-Unis.

La lutte politique pour gagner le mouvement ouvrier et la grande majorité des travailleurs à défendre les travailleurs immigrants, a-t-il dit, « est une question de vie ou de mort pour la classe ouvrière. » L'un des principaux moyens qu'emploient la classe dirigeante et ses deux partis pour diviser et affaiblir la classe ouvrière, c'est d'utiliser les immigrants comme boucs émissaires.

Les préjugés contre les immigrants, a-t-il poursuivi, ne viennent pas de la classe ouvrière. Ce sont les patrons qui encouragent et profitent de tels préjugés, tout comme ils profitent de la discrimination contre les Noirs et contre les femmes. Ils font venir des travailleurs immigrants pour accroître la concurrence entre les travailleurs, briser les syndicats, réduire les salaires et intensifier l'exploitation de la classe ouvrière dans son ensemble. C'est ce qu'ils ont fait dans l'industrie de la viande dans les années 1980.

« Tant que les syndicats ne mèneront pas une lutte efficace pour défendre les intérêts de toute la classe ouvrière, y compris pour syndiquer les travailleurs sans papiers, l'utilisation des immigrants comme boucs émissaires trouvera toujours un écho parmi certaines couches de la classe ouvrière, a noté Róger Calero. Ce qui provoque de telles attitudes, cependant, c'est la concurrence pour vendre leur force de travail et non le racisme. »

La classe dirigeante américaine ne cherche pas à arrêter le flux d'immigrants, mais seulement à le contrôler en fonction de ses besoins. C'est ce qu'elle fait depuis toujours. « Les préjugés vulgaires répandus par le président Trump et son entourage, a noté Róger Calero, son agitation fébrile pour « construire le mur, » les détentions brutales, les descentes, les déportations, les vérifications du statut des immigrants sur les lieux de travail et une série d'autres mesures répressives visent à accroître l'insécurité et la peur parmi tous les travailleurs, pas seulement les travailleurs immigrés. »

Mais la peur, ce sont les dirigeants eux-mêmes qui la ressentent : la peur des batailles de classe à venir et de l'unité que les travailleurs américains et ceux qui sont nés à l'étranger peuvent forger, comme on l'a vu dans les usines d'abattage et de découpe de la viande du Midwest, dans les mines de charbon de l'Utah et dans d'autres luttes sociales et syndicales.

« Obtenir l'amnistie pour les travailleurs sans papiers et défendre les droits des immigrants est une lutte politique indissociable de la lutte pour unifier la classe ouvrière dans son ensemble, a dit Róger Calero. Elle est essentielle pour construire un mouvement syndical qui se battra dans les intérêts de toute la classe. »

L'histoire militante des Mineurs unis d'Amérique

Radio Habana Cuba

Ce reportage sur les luttes menées par le syndicat des Mineurs unis d'Amérique est tiré d'une émission de Radio Habana Cuba diffusée en anglais à travers le monde le 27 mars 1981, premier jour d'une grève de 160 000 mineurs membres des UMWA. Cette confrontation, qui a duré dix semaines, a permis de repousser les efforts des patrons pour écraser le syndicat.

L'émission a fait appel à la solidarité avec les mineurs. Elle a décrit deux grèves antérieures des UMWA.

La première, en 1969 en Virginie-Occidentale, a obligé les patrons du charbon à accepter des mesures qui ont commencé à réduire les effets dévastateurs de l'anthracose, la maladie du « poumon noir, » et qui ont accordé aux comités de sécurité syndicaux un contrôle accru des conditions de travail dans les mines.

La seconde, en 1977-1978, a été la plus longue grève du charbon de l'histoire des États-Unis. Les mineurs de charbon à travers le pays ont alors mené une bataille de 110 jours. Ils se sont battus, comme le note Radio Habana Cuba, « pour défendre l'existence même de leur syndicat. » Ils ont défié l'ordre de retourner au travail décrété par le président démocrate, James Carter, en vertu de la loi du « travail d'esclave, » la loi Taft-Hartley.

En 1935, les Mineurs unis d'Amérique était le syndicat industriel le plus grand et le plus puissant aux États-Unis. Les mineurs de charbon étaient les seuls travailleurs qui avaient réussi avant 1900 à mettre sur pied des syndicats racialement intégrés dans le Sud. Ils ont été les premiers à établir la journée de huit heures en 1898.

Après avoir été presque détruits dans les années 1920, les UMWA se sont réorganisés entre 1933 et 1935 et sont devenus le pilier de l'édification du Congrès des organisations industrielles (CIO). Les mineurs de charbon ont fourni aussi bien de l'argent que des organisateurs pour une campagne de syndicalisation des industries de base du pays.

Les mineurs sont parmi les rares travailleurs qui se sont battus ouvertement contre leurs employeurs pendant la seconde guerre mondiale.

Deux grandes grèves dans l'histoire récente des UMWA ont eu une énorme importance politique. En 1969 et 1978, les mineurs de charbon ont affronté toutes les questions d'importance pour les travailleurs américains : la santé, la sécurité, les prestations sociales, les salaires, l'inflation et surtout la viabilité du mouvement des rangs pour assurer la survie d'un syndicat fort.

En février et mars 1969, les mineurs de la Virginie-Occidentale ont montré la voie lorsque 95 pour cent des 25 000 mineurs de cet État sont restés hors des puits pendant plus de trois semaines. Ils ont ainsi forcé la législature de l'État à adopter une nouvelle loi sur la santé et la sécurité dans les mines.

« La Virginie-Occidentale, coeur historique des régions houillères, a été le site de certaines des luttes ouvrières les plus dures de l'histoire des États-Unis. »

En haut : Mars 1981. Des mineurs de charbon manifestent à Washington quelques semaines avant que 160 000 mineurs déclenchent une grève qui a repoussé les concessions exigées par les employeurs. L'anthracose, cette maladie mortelle que les luttes des mineurs et de leurs communautés avaient réussi à enrayer, au cours des années 1960, 1970 et 1980, progresse à nouveau, alors que les employeurs augmentent la production de charbon et les profits avec l'introduction de nouvelles techniques et que les centres de santé dans les régions minières, autrefois financés par les compagnies de charbon, sont maintenant fermés.

En bas : Des membres des Mineurs unis d'Amérique et leurs partisans paralysent la production à la mine de charbon Pittston en Virginie pendant une grève de 11 mois en 1989.

« Avant 1900, les mineurs de charbon dans le Sud ont créé des unités syndicales racialement intégrées. Ils ont été les premiers travailleurs industriels à établir la journée de huit heures en 1898, » a expliqué l'émission de Radio Habana. « Au cours des années 1960 et 1970, les mineurs ont cherché à résoudre toutes les questions importantes pour les travailleurs américains : la santé, la sécurité, les avantages sociaux, les salaires, l'inflation et le maintien d'un syndicat fort. »

« Les mineurs de charbon ont fait partie du très petit nombre de travailleurs qui ont lutté ouvertement contre leurs employeurs pendant la seconde guerre mondiale, » raconte Radio Habana.

En 1943, les mineurs ont fait quatre grèves nationales pour s'opposer au gel des salaires imposé par le gouvernement impérialiste durant la guerre, à l'accélération dangereuse des cadences et au mépris des patrons pour la sécurité au travail. Ils ont rejeté la promesse de ne pas faire la grève que les dirigeants syndicaux de pratiquement toutes les autres industries avait faite au gouvernement américain.

Ci-dessus : En 1943, des mineurs d'Ohio lisent un article du président des UMWA, John L. Lewis, paru en première page des journaux, dans lequel il annonçait son intention de défier la menace du gouvernement de faire appel à l'armée pour remplacer les mineurs en grève pendant la seconde guerre mondiale. « Vous ne pouvez pas extraire le charbon avec des baïonnettes ! » ont répondu les mineurs.

Lorsque, plus tard au cours de la même année, le président Richard Nixon a évoqué la possibilité d'opposer son veto à la Loi nationale sur la santé et la sécurité dans les mines de charbon, les mineurs ont menacé de déclencher une autre grève et l'ont forcé à signer cette loi historique, qui a accordé pour la première fois une compensation aux victimes de l'anthracose.

L'Association du poumon noir, établie au mois de janvier 1969 pour endosser et promouvoir cette loi de la Virginie-Occidentale, est rapidement devenue une organisation de défense des intérêts des mineurs actifs et retraités au sein d'un syndicat dont les dirigeants s'étaient vendus aux compagnies.

La grève a également encouragé Joseph « Jock » Yablonski à disputer la présidence à Tony Boyle lors de l'élection syndicale. Il a entrepris une campagne énergique sur le thème : « Boyle est au lit avec les propriétaires du charbon. » Il a aussi affirmé qu'il continuerait la lutte au-delà des élections de décembre. Il a été assassiné le dernier jour de l'année par des hommes armés embauchés par Boyle. Les Mineurs pour la démocratie (MFD) se sont constitués lors de ses funérailles.

En juin 1970, lors d'une autre grève, dans le sud de la Virginie-Occidentale, une troisième organisation des rangs est née appelée Mineurs handicapés et veuves de la région sud de la Virginie-Occidentale. Ces trois groupes se sont unis pour endosser la liste de candidats des Mineurs pour la démocratie lors d'un congrès en Virginie-Occidentale en mai 1972.

En décembre, pour la première fois dans l'histoire, les membres du syndicat ont élu neuf mineurs des rangs [de la liste des MFD] au bureau international.

Cette victoire électorale a énormément renforcé le syndicat. Depuis lors, tous les officiers des 21 districts du syndicat doivent répondre de leurs actes auprès des rangs lors des élections syndicales. Sous Boyle, seuls quatre districts avaient une autonomie complète.

En 1972, les candidats des MFD ont présenté une plateforme qui appelait à l'élection des responsables de districts ainsi que des membres du conseil exécutif, à la ratification des contrats par les rangs, à la fin des licenciements pour refuser de travailler dans des conditions dangereuses, à la création dans chaque mine d'un poste de responsable du comité de santé et sécurité à temps plein, à l'appui des autorités nationales et de districts lors de conflits locaux, à la fin de toute discrimination à l'embauche et lors des congédiements, à l'application uniforme du contrat, à l'augmentation des pensions des mineurs retraités et la gestion responsable des fonds de prévoyance. La plateforme prévoyait aussi de réduire les salaires des hauts responsables syndicaux.

Le candidat des MFD, Arnold Miller, ancien mineur-électricien avec 24 ans d'expérience, lui-même victime de l'anthracose, a finalement délogé Tony Boyle. Un nouveau régime s'est alors installé.

En 1974, pour la première fois en 84 ans d'histoire du syndicat, les mineurs ont pu voter pour ratifier leur contrat. Fini le temps où un groupe de négociateurs triés sur le volet, dans des pièces enfumées à des centaines de kilomètres des bassins houillers, pouvaient trahir les intérêts de milliers de mineurs.

Pendant les étés de 1975, 1976 et 1977, les mineurs de charbon ont continué à faire preuve de combativité. En 1975 et 1976, des conflits qui avaient débuté localement dans le sud de la Virginie-Occidentale ont progressé au point d'entraîner dans leur mouvement toutes les régions minières. Les mineurs étaient fort mécontents du refus des sociétés d'exploitation minière de régler les griefs dans les mines. Au lieu de discuter des différends, les entreprises ont tenté de forcer le retour au travail des mineurs au moyen d'injonctions, d'amendes, d'arrestations et de menaces de congédiements.

En 1975, 80 000 mineurs ont participé à la grève. En 1976, il y en a eu 120 000, soit presque tous les mineurs syndiqués à l'est du Mississippi. La grève de 1976 s'est révélée si solide que les juges fédéraux à Charleston, en Virginie-Occidentale, ont retiré leurs amendes et leurs injonctions, un événement presque unique dans l'histoire ouvrière moderne.

Puis, en 1977, les mineurs ont de nouveau déclenché la grève pour protester contre la réduction de leurs prestations médicales, si importantes au sein d'une industrie dangereuse dont le cœur se trouve dans le sud des Appalaches, là où les hôpitaux refusent d'accueillir les patients qui ne peuvent pas payer les soins d'urgence sur-le-champ et en argent comptant.

En 1978, la grève du syndicat des UMWA est devenue la question de classe centrale aux États-Unis. Les mineurs de charbon luttaient pour l'existence même de leur syndicat et de tous les autres syndicats du pays.

L'attaque contre les UMWA s'inscrivait dans l'offensive menée contre l'ensemble du mouvement ouvrier. La même année, l'Association nationale des manufacturiers a mis sur pied un Conseil pour un environnement sans syndicats. L'année précédente, les entreprises sidérurgiques avaient organisé une campagne pour battre le candidat des rangs [Ed Sadlowski] lors de l'élection à la présidence du syndicat des Métallos.

La principale raison pour laquelle les entreprises ont décidé d'affronter les mineurs, c'est qu'elles voulaient discréditer et repousser la lutte des travailleurs en faveur de la démocratie dans le syndicat. La négociation collective qui avait eu lieu avant et pendant la grève reflétait une nouvelle tendance.

L'industrie se présente maintenant à la table de négociation armée de ses propres revendications pour reprendre des gains existants et elle refuse obstinément de faire des concessions. On observe cette politique de retrait des acquis dans les négociations qui se déroulent dans d'autres industries.

Sous le capitalisme, les travailleurs ne peuvent rien obtenir sans se battre. Ou ils luttent ou ils reculent.

Bien que les mineurs n'aient pas totalement réussi à renverser cette tendance, ils ont tout de même réussi à l'emporter dans certains domaines essentiels. Les sociétés n'ont pas atteint leur objectif central, qui était vraiment de détruire les UMWA. Les mineurs ont également réussi à défendre leur droit de grève et ont grandement affaibli la loi antigrève Taft-Hartley. En outre, leur lutte a eu des effets positifs profonds sur le reste du mouvement ouvrier.

Lorsque l'équipe de négociation des UMWA s'est assise à la table de négociation à Washington, elle croyait faire face aux exploitants du charbon, un terme qui dans le passé désignait les sociétés de mines de charbon. Mais cette fois-ci, le négociateur en chef de l'industrie était Joseph P. Brennan, qui représentait les gigantesques multinationales contrôlées par les super banquiers.

La plus grande entreprise de charbon, Peabody, est entièrement contrôlée par l'entreprise Kennecott Copper, qui à son tour est dominée par le groupe banquier Morgan et la famille des Guggenheim.

La deuxième plus grande entreprise de charbon, Consolidation, appartient à la société Continental Oil, qui a des actifs de plusieurs milliards de dollars composés d'investissements en Afrique et dans d'autres régions outre-mer. Continental faisait partie de la Standard Oil, l'entreprise des Rockefeller, avant sa supposée dissolution en 1911. Les banquiers Rockefeller et Morgan se partagent maintenant son contrôle, avec une participation secondaire de la famille des Mellon, de Pittsburgh.

La troisième plus grande entreprise, Island Creek, appartient à la société Occidental Oil. Puis, il y a les grandes propriétés minières de la US Steel, fondée par J.P. Morgan, Bethlehem Steel et de nombreuses sociétés de charbon appartenant entièrement à Exxon, Mobil Oil, Gulf Oil, d'autres géants du pétrole et les grands services publics.

Lorsqu'ils ont déclenché leur grève, les mineurs ont donc fait face à la puissance concentrée des monopolistes.

La lutte des mineurs de 1978 a créé une nouvelle situation dans le mouvement syndical. Elle a grandement affaibli les efforts des grandes entreprises pour imposer des contrats de concessions. Elle a émoussé la féroce campagne anti-ouvrière lancée contre toutes les organisations syndicales. En ignorant les tentatives du gouvernement de briser la grève à l'aide d'une injonction en vertu de la loi Taft-Hartley, elle a tiré un coup de semonce contre cette loi anti-ouvrière dangereuse.

La défense du droit fondamental des syndicats de faire la grève a eu des conséquences positives pour les travailleurs de toutes les industries. À mesure que s'approfondissait la grève, de plus en plus de travailleurs ont commencé à penser qu'il faudrait nationaliser les mines et les ressources en charbon. Pourquoi les grandes entreprises pétrolières, les services publics, les entreprises sidérurgiques et les grands banquiers contrôlent-ils ces ressources naturelles essentielles ?

En 1978, la grève des Mineurs unis d'Amérique a soulevé une fois de plus le fait bien connu que, sous le capitalisme, les travailleurs ne peuvent rien obtenir sans se battre. Ou ils luttent ou ils reculent. Les mineurs ont prouvé qu'il faut lutter pour gagner.

INDEX

Afghanistan, guerre US en, 10, 24, 48
AFL (Fédération américaine du travail), 34
Afrique, 40, 71
Agriculteurs
   à Cuba, 42-44, 49
   aux États-Unis, 10, 17, 19, 23, 37, 50-51, 54-55
Américains africains. *Voir* Noirs aux États-Unis
Anthracose (maladie du poumon noir), 22, 63-68
Antisémitisme, 37
Appalaches, 20-31, 33, 52, 63-69
Arizona, 11, 20, 30
Association du poumon noir, 67
Association nationale des manufacturiers, 69
Autodéfense contre les attaques des fascistes et de la police,
   par le mouvement pour les droits civils, 41
   par les Teamsters de Minneapolis, 37
Avortement, droit à l', 10

Baie des Cochons (Playa Girón), 49-50
Bandes fascistes, 34, 37
Banques, 48, 54, 57, 70-71
Barnes, Jack, 25, 42
Bethlehem Steel, 71

Bilan anti-ouvrier des Clinton, Le (Jack Barnes), 25
Boyle, Tony, 67-68
Brennan, Joseph P., 70
Bush, George W., 24

Calero, Róger, 13, 59-61
Cambodge, invasion US du, 46
Canada, 55
Carter, James, 64
Castro, Fidel, 37, 49
Castro, Raúl, 25
Charlottesville, Virginie, 59
Chine, 37, 40
Chômage, 23, 37
Cinq Cubains, Les, 25-26
CIO (Congrès des organisations industrielles), 12, 34-35, 38, 64
Classe capitaliste, 9, 21, 33, 40, 46-50, 56, 70-71
Classe moyenne aux États-Unis, 24, 30
Classe ouvrière à Cuba, 17, 42, 49-50
Classe ouvrière aux États-Unis, 22-24, 26-31, 33-38, 41-44, 71-72
   « arriérée », 9, 14-15, 27, 30, 32-33
   derrière les barreaux, 24-26
   droit de grève, 20, 63-64, 70-72
   et l'élection de Donald Trump, 9, 11, 20, 27, 30-31, 58

Classe ouvrière aux États-Unis (*suite*)
  immigrants au sein de, 10, 14, 59-61
  Noirs dans la, 37-38, 44
  ouverture aux idées communistes, 12, 31-32
  perspective internationaliste pour la, 37, 42
  peur qu'en ont les libéraux des classes moyennes, 30
  résistance aux effets de la crise capitaliste de, 20-21, 26-32, 51-53
  travailleurs « temporaires », 57
Clinton, Hillary, 11, 24, 27, 32
Conférence scientifique internationale du 1er mai (La Havane, 2018), 9, 11-14, 17, 19-20, 35-37, 51-61
Conseil des citoyens blancs, 41
Consolidation Coal, la compagnie, 70-71
Continental Oil, la compagnie, 70-71
Corée, guerre de, 40
Crise capitaliste, 10, 21-26, 46-49
CTC (Centrale des travailleurs de Cuba), 11, 17
Cuba et la révolution américaine à venir (Jack Barnes), 42

D'Agostino, Harry, 13, 57
« De Clinton à Trump » (panel), 9-13, 51-52
Département de l'Agriculture, 54
Dette étudiante, 10, 57
Deuxième guerre mondiale, 35-41, 64
Diacres pour la défense et la justice (Louisiane), 41

Dobbs, Farrell, 35-37
Droit de grève, 20, 70-71
Droits de vote, 10, 12, 14-15

Éditions Pathfinder, 25, 34-35, 42
Enfants, coupes dans les services sociaux pour les, 21, 24, 27, 41
Enseignants, grèves des (2018), 14, 20-21, 23, 26-31
  en Oklahoma, 11, 20, 23, 30, 53
  en Virginie-Occidentale, 10-11, 20-21, 26-30, 53
Environnement, destruction de l', 10, 12
Espérance de vie, 23
Exxon Corp., la compagnie, 71

Femmes, 7, 24, 30-31, 37, 60
  Hillary Clinton sur les, 27
  mineures de charbon, 52-53

Garde nationale, 34, 44-46
González Barrios, René, 17, 19
González, Fernando, 25
González, René, 25
Grèves des travailleurs d'hôtellerie (2018), 15
Grèves et mouvement social, 26-27, 34-37
  Voir aussi Enseignants, Marriott, Mineurs unis d'Amérique, grèves de ; Teamsters, Minneapolis
Guerre civile US, 38
« Guerre contre la drogue », 24
Guerrero, Antonio, 25
Guerres US, 19, 23-24, 35-41, 44-49
Guilarte, Ulises, 11
Gulf Oil, la compagnie, 71

Head, Willie, 13, 54-55
Hernández, Gerardo, 25

Impérialisme US, 19, 33
  Voir aussi Guerres US
Industrie de l'acier, 38, 69
Industrie de la viande, 13, 19, 55, 59, 61
Industrie du pétrole, l', 13, 19, 22
Industrie du rail, 13, 19, 58
  Conditions de sécurité au travail, 55-56, 58
Institut d'histoire de Cuba, 11, 17, 19
Institut supérieur des relations internationales (ISRI, Cuba), 32
Internationale communiste, 33
Irak, 10, 24, 48
Island Creek Coal, la compagnie, 71
« It's the Poor Who Face the Savagery of the US « Justice » System » (Les Cinq Cubains), 25-26

Japon, bombardement atomique du, 40
Jeunes socialistes, 7, 19, 55-57
Juifs, haine des, 37

Kaepernick, Colin, 59
Kennecott Copper, la compagnie, 70
Kennedy, Alyson, 13, 23, 52-53
Kentucky, 11, 20, 24, 30-31
King, Martin Luther, 41-44
Ku Klux Klan, 31, 41

La Havane, Cuba, 9, 11, 32
Labañino, Ramón, 25
Labor's Giant Step : The First Twenty Years of the CIO, 1936–55 (Art Preis), 34
Lac-Mégantic, Québec, 55-56
Lénine, V. I., 49-50

Libération nationale, Luttes de, 40
Loi Taft-Hartley, 64, 70

Maison-Blanche des Clinton (1993-2001), 24-25
Malcolm X, 41-42
Marriott, grève dans les hôtels, 15
McDonald, restaurants, 15
Médias bourgeois, 12, 20, 32
Mellon, la famille, 71
Métallos, 69
Militant, The, 14, 32, 34
Miller, Arnold, 68
Mineurs de charbon. *Voir* Mineurs unis d'Amérique (UMWA)
Mineurs handicapés et veuves de la région sud de la Virginie-Occidentale, 67
Mineurs pour la démocratie, 52-53, 67-68
Mineurs unis d'Amérique (UMWA), 21-23, 27, 52-53, 63-72
  et l'Association du poumon noir, 67
  cliniques de santé, 22, 69
  comités de sécurité au travail, 22-23, 63
  et droit de vote sur les contrats, 68
  grèves des, 63-64, 68-69, 71-72
  impact sur le mouvement ouvrier, 21-22, 64-69
  et Mineurs pour la démocratie, 52-53, 67-68
  et Mineurs handicapés et veuves de la région sud de la Virginie-Occidentale, 67
  et pensions, 15
  travailleurs noirs dans les, 64
  travailleuses dans les, 63-64, 68-69, 71-72
Minneapolis, Minnesota, 34-37
Misogynie, 20

Mississippi, 23, 46
Mobil Oil, la compagnie, 71
Monroe en Caroline du Nord, la NAACP à, 41
Morgan, la famille, 70-71
Mouvement pour les droits civils, 12-13, 37-44, 58
 impact sur la classe ouvrière, 37-38, 58-59
 comme mouvement prolétarien de masse, 41-44, 58
Musa, Omari, 13, 58-59
Musulmans, 30

New York, la ville de, 24, 27
Nicaragua, 14, 59
Nixon, Richard, 46, 67
Noirs aux États-Unis, 10, 30, 44, 58-59
 agriculteurs, 54-55
 dans les forces armées, 40-41
 et luttes syndicales, 38, 44
 mouvement pour les droits civils, 37-44
 ségrégation de Jim Crow, 37-41

Obama, Barack, 24-25
Occidental Oil, la compagnie, 71
Oklahoma, 11, 20, 23, 30

Palais des cigariers (La Havane), 11, 17
Parti communiste, US, 33
Parti démocrate, 24, 31, 41
Parti républicain, 24, 31
Parti socialiste des travailleurs (SWP), 17-19, 25, 32-38, 42-46
 et campagnes de syndicalisation des Teamsters, 33-37
 candidats à la présidence, 52, 60
 et mouvement pour les droits civils, 37-41, 58

Parti socialiste des travailleurs (SWP) (*suite*)
 et opposition ouvrière à la deuxième guerre mondiale, 35
 partie de la classe ouvrière industrielle, 10, 19, 51-61
 et révolution cubaine, 42-44, 49-50, 58
 et travail de propagande de porte en porte, 12
Peabody Coal, la compagnie, 70
Pensions de retraite, 10, 15, 22, 68
Perasso, Jacob, 13, 55-56
Playa Girón (baie des Cochons), 49-50
Preis, Art, 34
Première guerre mondiale, 40
Prisons, 10, 24-26

Racisme et discrimination raciale aux États-Unis, 20, 27, 30-31, 58-59
 Voir aussi Ségrégation de Jim Crow
Radio Habana Cuba, 14, 21, 63-64
Rébellion Teamster (Farrell Dobbs), 34-35
Reconstruction radicale, 38
Révolution coloniale, 40
Révolution cubaine, 25, 37, 40-44, 49, 55, 58
 direction, calibre de, 42-43, 49
 solidarité avec les mineurs américains, 63-72
 travailleurs, défis auxquels font face les, 11
Révolution socialiste, 31-33
 sa possibilité aux États-Unis, 12-13, 20, 31-33, 35, 38, 42-46
 Voir aussi Révolution cubaine
Rockefeller, la famille, 71

Sadlowski, Ed, 69
Sécurité au travail, 10, 13, 22-23, 53, 55-56, 63-68
Ségrégation de Jim Crow, 7, 12, 37-41, 44, 58
Silicon Valley, 24
Soins de santé, 22, 57, 69
Sont-ils riches parce qu'ils sont intelligents ? (Barnes), 25
Standard Oil, la compagnie, 71
Suicides, 10, 24
Surdoses d'opioïdes, 23
  Voir aussi Toxicomanie
Syndicat des travailleurs du commerce et de l'alimentation (Cuba), 11
Syndicat des travailleurs du tourisme (Cuba), 11
Syndicats, 12-13, 17, 21-23, 26-30, 34-38, 52-72
  lutte pour transformer les, 34-35, 55-56
  Voir aussi CIO, Mineurs unis d'Amérique, Teamsters
Syrie, 10, 24, 48

Taux de profit, 22, 48-49
Teamster Bureaucracy (Farrell Dobbs), 35-37
Teamster Politics (Farrell Dobbs), 35
Teamster Power (Farrell Dobbs), 35
Teamsters, Californie, 14
Teamsters, Minneapolis (années 1930), 33-37

Toxicomanie, 10, 23-24
Travailleurs et travailleuses unis de l'alimentation et du commerce, 59
Travailleurs immigrants aux États-Unis, 10, 14
  défense de, 59-61
Tribunal populaire (Valdosta, Géorgie), 54
Troisième guerre mondiale, possibilité d'une, 48
Trump, Donald, 9, 11, 20, 27, 32, 58

« Un emploi devrait suffire » (grève des travailleurs d'hôtel en 2018), 15
US Steel, la compagnie, 71

Valdosta, Géorgie, 54
Vétérans et suicide, 24
Vietnam, guerre du, 13, 40, 44-46
Vietnam, mouvement contre la guerre du, 44-46
Violence policière, 12, 34, 41, 54, 59
Virginie-Occidentale, 11-14, 20-31, 33, 52-53, 57-58, 63-69

Walmart, 13, 19, 52-53, 58
Washington, D.C., 24, 31, 58
Watergate, 46
Waters, Mary-Alice, 7, 9-13, 17, 37-42
Williams, Robert F., 41

Yablonski, Joseph « Jock », 67

À paraître
Tribuns du peuple et syndicats

KARL MARX
VLADIMIR I. LÉNINE
LÉON TROTSKY
FARRELL DOBBS
JACK BARNES

« Notre idéal ne devrait pas être le secrétaire syndical, mais le tribun du peuple, capable de réagir à chaque manifestation de tyrannie et d'oppression. »
Vladimir I. Lénine, 1902

« Léon Trotsky se souciait de la mobilisation révolutionnaire de la classe ouvrière ; il suivait avec intérêt la stratégie et les tactiques dans les syndicats. » *Farrell Dobbs, 1969*

« Avec une direction révolutionnaire, les syndicats peuvent conduire les travailleurs et leurs alliés dans les villes, grandes et petites, et à la campagne — agriculteurs, petits producteurs, commerçants, chauffeurs et autres propriétaires-exploitants — à l'indépendance politique vis-à-vis de la classe dirigeante. » *Jack Barnes, 2018*

Le tribun du peuple utilise toute manifestation de l'oppression capitaliste pour expliquer pourquoi les travailleurs et nos alliés, dans le feu des luttes, pouvons poser et poserons les fondements d'un monde qui s'appuiera non pas sur la violence et la concurrence mais sur la solidarité entre les travailleurs du monde entier. 12 $ US. Aussi en anglais et en espagnol.

Pour approfondir
CE QUE VOUS VENEZ DE LIRE

« La lutte des Noirs a changé la conscience des travailleurs, aussi bien noirs que caucasiens. Cette révolution sociale nous a tous fortifiés. »

Malcolm X, la libération des Noirs et la voie vers le pouvoir ouvrier
JACK BARNES

La conquête du pouvoir par la classe ouvrière rendra possible la bataille finale contre l'exploitation de classe et l'oppression raciste. Elle ouvrira la voie vers un monde basé sur la solidarité humaine. Un monde socialiste. 20 $ US. Aussi en anglais, espagnol, farsi, arabe et grec.

« Les batailles des Teamsters dans les années 1930 nous ont appris ce dont la classe ouvrière aux États-Unis est capable lorsqu'elle s'éveille dans la lutte. »

La série Teamster
FARRELL DOBBS

Des grèves de 1934, qui ont obtenu la reconnaissance du syndicat, à la lutte des travailleurs ayant une conscience de classe pour s'opposer à l'entrée de Washington dans la deuxième guerre mondiale. Quatre tomes, 19 $ US chacun. En anglais et en espagnol. Le premier tome existe en français.

« La classe dirigeante aux États-Unis a été ébranlée par l'opposition massive à la guerre venant des étudiants, des travailleurs et des conscrits envoyés combattre au Vietnam. Le vent a tourné. »

Dehors, maintenant !
Le récit d'un participant au mouvement contre la guerre du Vietnam aux États-Unis.
FRED HALSTEAD
35 $ US. En anglais.

WWW.PATHFINDERPRESS.COM

LECTURES SUPPLÉMENTAIRES

Le bilan anti-ouvrier des Clinton
Pourquoi Washington craint les travailleurs
JACK BARNES

L'auteur décrit le cours que poursuivent aussi bien les démocrates que les républicains, tous motivés par les profits, ainsi que l'éveil politique des travailleurs qui cherchent à comprendre et résister à ces attaques. 10 $ US. Aussi en anglais, espagnol, farsi et grec.

Sont-ils riches parce qu'ils sont intelligents ?
Classe, privilège et apprentissage sous le capitalisme
JACK BARNES

L'auteur met en pièce les faux-fuyants auxquels font appel les couches de professionnels bien payés pour justifier leurs privilèges et selon lesquels leur intelligence et leurs diplômes les rendent compétents pour « réglementer » la vie des travailleurs. Comprend aussi « Le capitalisme, la classe ouvrière et la transformation de l'apprentissage. » 10 $ US. Aussi en anglais, espagnol et farsi.

Une révolution socialiste est-elle possible aux États-Unis ?
Un débat nécessaire entre travailleurs
MARY-ALICE WATERS

Un « oui » sans hésitation, telle est la réponse donnée ici. Possible mais pas inévitable. Ça dépend de ce que font les travailleurs. 10 $ US. Aussi en anglais, espagnol et farsi.

Cuba et la révolution américaine à venir
JACK BARNES

Un livre sur les luttes des travailleurs dans le coeur impérialiste, sur les jeunes que celles-ci attirent et sur l'exemple donné par le peuple cubain que la révolution est non seulement nécessaire, mais qu'on peut la faire. Ce livre porte sur la lutte de classe aux États-Unis, où les capacités politiques et le potentiel révolutionnaire des travailleurs et des agriculteurs sont aujourd'hui aussi totalement ignorés par les puissances dirigeantes que ceux des travailleurs et paysans cubains. Et tout aussi à tort. 10 $ US. Aussi en anglais, espagnol et farsi.

« Ce sont les pauvres qui font face à la sauvagerie du système de « justice » US »
Les Cinq Cubains parlent de leur vie au sein de la classe ouvrière aux États-Unis

Police, tribunaux, prison, libération conditionnelle : le système de « justice » US fonctionne comme « une énorme machine à broyer les gens. » Victimes d'un coup monté du gouvernement US et incarcérés pendant 16 ans aux États-Unis, cinq révolutionnaires cubains expliquent la dévastation humaine engendrée par la « justice » capitaliste. Ils expliquent en quoi Cuba socialiste est différente. 15 $ US. En anglais, espagnol, farsi et grec.

Le désordre mondial du capitalisme
La politique ouvrière au millénaire
JACK BARNES

La dévastation sociale et les paniques financières, le durcissement de la politique, la brutalité policière et les agressions impérialistes, aucune de ces réalités n'est le produit de quelque chose qui s'est détraqué dans le capitalisme, mais bien des lois qui régissent son fonctionnement. Ce qui peut changer l'avenir, c'est la lutte unitaire des travailleurs et des agriculteurs conscients de leur capacité de mener des batailles révolutionnaires pour le pouvoir d'État et de transformer le monde. 25 $ US. Aussi en anglais et en espagnol.

WWW.PATHFINDERPRESS.COM

AUSSI DE PATHFINDER

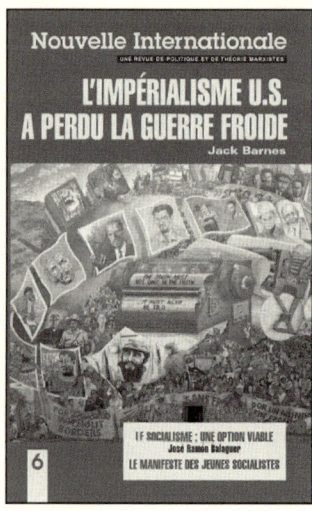

L'impérialisme U.S. a perdu la guerre froide
JACK BARNES

L'effondrement il y a un quart de siècle des régimes qui prétendaient être communistes en Europe de l'Est et en URSS n'a pas voulu dire que les travailleurs et les agriculteurs de ces pays y avaient été écrasés. Dans les conflits et les guerres intercapitalistes qui s'aiguisent aujourd'hui, ces travailleurs deviennent un obstacle insurmontable au progrès du capitalisme et acquièrent dans la lutte une expérience de direction. Dans *Nouvelle Internationale* nº 6. 16 $ US. Aussi en anglais, espagnol, farsi et grec.

L'émancipation des femmes et la lutte de libération de l'Afrique
THOMAS SANKARA

« Il n'y a pas de véritable révolution sociale sans la libération des femmes, » explique le leader de la révolution au Burkina Faso de 1983-1987. Les travailleurs et les paysans de ce pays de l'Afrique de l'Ouest ont établi un gouvernement révolutionnaire populaire et ont commencé à combattre la famine, l'analphabétisme et le retard économique imposés par la domination impérialiste. 8 $ US. Aussi en anglais, espagnol et farsi.

Les cosmétiques, la mode et l'exploitation des femmes
JOSEPH HANSEN, EVELYN REED, MARY-ALICE WATERS

Comment le grand capital joue sur le statut de deuxième classe et l'insécurité sociale des femmes pour vendre des cosmétiques et empocher des profits. L'introduction de Mary-Alice Waters explique comment l'entrée de millions de femmes dans la main-d'oeuvre, durant et après la deuxième guerre mondiale, a transformé la société de manière irréversible. 15 $ US. En anglais, espagnol et farsi.

Malcolm X parle aux jeunes

« La jeune génération de blancs, de Noirs, de bruns, de n'importe quelle couleur — vous vivez une époque de révolution, » dit Malcolm X en décembre 1964. « Quant à moi, je me joindrai à n'importe qui, je me fiche de votre couleur, du moment que vous voulez changer la condition misérable qui existe sur cette terre. » Quatre discours et une entrevue donnés dans les derniers mois de sa vie. 15 $ US. Aussi en anglais, espagnol, farsi et grec.

Thomas Sankara parle
La révolution au Burkina Faso, 1983-1987

Sous la direction de Thomas Sankara, le gouvernement révolutionnaire du Burkina Faso en Afrique de l'Ouest a mobilisé les paysans, les travailleurs, les femmes et les jeunes pour alphabétiser la population ; creuser des puits, planter des arbres, construire des maisons ; combattre l'oppression des femmes ; effectuer une réforme agraire ; se joindre à d'autres, en Afrique et dans le monde, pour se libérer du joug impérialiste. 24 $ US. Aussi en anglais.

Les Première et Deuxième déclarations de La Havane
Manifestes de la lutte révolutionnaire dans les Amériques adoptés par le peuple de Cuba

Deux documents adoptés par des assemblées de millions de Cubains en 1960 et 1962. Ces mises en accusation sans compromis du pillage impérialiste et de « l'exploitation de l'homme par l'homme » continuent de servir de manifestes de la lutte révolutionnaire des travailleurs dans le monde entier. 10 $ US. Aussi en anglais, espagnol, farsi, arabe et grec.

WWW.PATHFINDERPRESS.COM

LES DIRIGEANTS RÉVOLUTIONNAIRES DANS LEURS PROPRES MOTS

Le Manifeste communiste
KARL MARX, FRIEDRICH ENGELS

Le document fondateur du mouvement ouvrier moderne, publié en 1848. Il explique pourquoi le communisme ne découle pas de principes préconçus, mais de la ligne de marche de la classe ouvrière vers le pouvoir, un mouvement généré par « une lutte de classe existante, un mouvement historique qui s'opère sous nos yeux. » 5 $ US. Aussi en anglais, espagnol, farsi et arabe.

Le dernier combat de Lénine
Écrits et discours, 1922-1923
VLADIMIR I. LÉNINE

En 1922 et 1923, Vladimir I. Lénine, le dirigeant central de la première révolution socialiste dans le monde, a livré ce qui allait être son dernier combat politique. Ce qui était en jeu, c'était de maintenir le cours prolétarien de la révolution, et du mouvement international qu'elle dirigeait, qui avait porté les travailleurs et les paysans au pouvoir en octobre 1917 en Russie. 20 $ US. En anglais, espagnol, farsi et grec.

Histoire de la révolution russe
LÉON TROTSKY

La dynamique sociale, économique et politique de la première révolution socialiste victorieuse racontée par l'un de ses principaux dirigeants. Comment, sous la direction de Lénine, le Parti bolchevik a conduit des millions de travailleurs et de fermiers à renverser le pouvoir d'État des propriétaires terriens et des capitalistes en 1917 et à le remplacer par un gouvernement qui défendait leurs intérêts de classe en Russie et dans le monde entier. Deux volumes. 28 $ US chacun. Aussi en anglais et en russe.

Le socialisme en procès

Déposition au procès pour sédition de Minneapolis

JAMES P. CANNON

Le programme révolutionnaire de la classe ouvrière tel que présenté en 1941, à la veille de l'entrée des États-Unis dans la deuxième guerre mondiale, en réponse à des accusations fabriquées de « conspiration pour sédition » portées contre des dirigeants du mouvement syndical à Minneapolis et du Parti socialiste des travailleurs. Comprend la réponse de l'auteur à des critiques gauchistes. 16 $ US. Aussi en anglais, espagnol et farsi.

En défense du socialisme

Quatre discours prononcés en 1989 lors du trentième anniversaire de la révolution cubaine

FIDEL CASTRO

Fidel Castro explique que les progrès économiques et sociaux sont possibles sans la concurrence dévastatrice du capitalisme et que le socialisme reste la seule voie en avant pour l'humanité. 15 $ US. En anglais et en grec.

Notre politique commence avec le monde

JACK BARNES

Les énormes inégalités économiques et culturelles qui existent entre les pays impérialistes et semi-coloniaux et entre les classes de presque tous les pays sont produites, reproduites et accentuées par le fonctionnement du capitalisme. Pour que les travailleurs d'avant-garde puissent construire des partis capables de diriger une lutte révolutionnaire victorieuse dans nos propres pays, dit Jack Barnes, nous devons guider notre activité avec une stratégie visant à combler cet écart. Dans *Nouvelle Internationale* nº 8. 14 $ US. Aussi en anglais, espagnol, farsi et grec.

WWW.PATHFINDERPRESS.COM

PATHFINDER DANS LE MONDE

Pour obtenir une liste complète de nos titres ou en commander, visitez

www.pathfinderpress.com

LES DISTRIBUTEURS DES ÉDITIONS PATHFINDER

ÉTATS-UNIS
(et Amérique latine, Antilles et Asie de l'Est)

Pathfinder Books, 306 W. 37th St., 13e étage
New York, NY 10018

CANADA

Livres Pathfinder, 7107, rue St-Denis, suite 204
Montréal, QC H2S 2S5

ROYAUME-UNI
(et Europe, Afrique, Moyen-Orient et Asie du Sud)

Pathfinder Books, 5 Norman Rd.
Seven Sisters, Londres N15 4ND

AUSTRALIE
(et Asie du Sud-Est et Pacifique)

Pathfinder Books, Suite 22, 10 Bridge St.
Granville, Sydney, NSW 2142

NOUVELLE-ZÉLANDE

Pathfinder Books, 188a Onehunga Mall Rd., Onehunga, Auckland 1061
Adresse postale : P.O. Box 13857, Auckland 1643

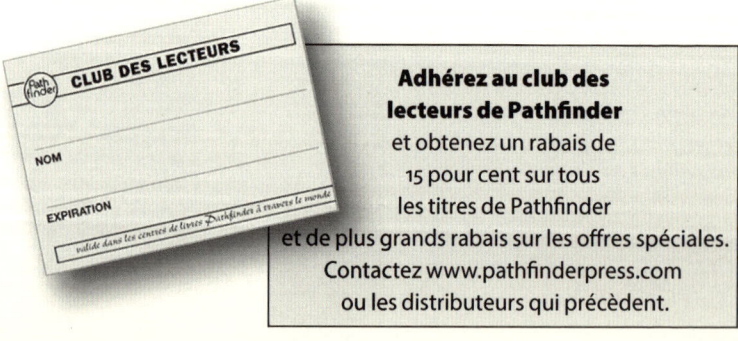

Adhérez au club des lecteurs de Pathfinder
et obtenez un rabais de 15 pour cent sur tous les titres de Pathfinder et de plus grands rabais sur les offres spéciales. Contactez www.pathfinderpress.com ou les distributeurs qui précèdent.